Der große Brand

und

der Wiederaufbau

von

Hamburg.

Ein Denkmal

zu den fünfzigjährigen Erinnerungstagen
des 5. bis 8. Mai 1842.

Im Auftrage des Architekten- und Ingenieur-Vereins
unter Benutzung amtlicher Quellen bearbeitet
von

Julius Faulwasser,
Architekt.

Mit 4 Plänen und zahlreichen Abbildungen.

Hamburg

edition kabel

ISBN 3-921909-00-7

Herstellung: Buch- und Offsetdruckerei Ernst Kabel

Unveränderter Nachdruck der Ausgabe von 1892 mit freundlicher Genehmigung des
Otto Meissner Verlages, 3142 Schloß Bleckede an der Elbe.

Originalzeichnung von C. Schildt.

Titelbild, der Hopfenmarkt und die St. Nikolaikirche.

Vorwort und Quellenangabe.

Die großen Arbeiten der Stadtumwälzung, welche durch Hamburgs Anschluß an das deutsche Zollinland während der Jahre 1882 bis 1888 ausgeführt werden mußten und die Dislocierung von 24000 Einwohnern notwendig machten, haben dem Architekten- und Ingenieur-Verein die Frage nahe gebracht: „Wer waren im letzten Grunde die Männer, durch welche nach der Katastrophe des großen Brandes unsere Stadt wiederaufgebaut wurde?" Konnte man sich aber nach der Vollziehung des Zollanschlusses mit mehr oder weniger Kürze sagen, diese und jene Körperschaften haben nach so und so langer reiflicher Überlegung die Mittel bewilligt, um das Werk durchzuführen, so lag damals die Sache ungemein viel komplizierter, wo die Not dringend eine schleunige Wiederherstellung forderte, und wo, ohne daß irgend welche Mittel direkt verfügbar waren, dennoch ein Werk geschaffen werden sollte, von dem man wünschte, hoffen zu können, daß es aller Zukunft genüge.

Die bevorstehende fünfzigjährige Wiederkehr der Tage des Brandes hat den endgültigen Anlaß zur Verwirklichung des Gedankens einer umfassenden Arbeit über den großen Brand und seine Folgen gegeben. Auch bei E. H. Senate und unsern Behörden fand diese Absicht des Vereines die freundlichste Aufnahme, sodaß dem Verfasser die in Betracht kommenden Bestände des Staatarchives bereitwillig zur Verfügung gestellt worden sind. Es handelte sich in dieser Beziehung hauptsächlich um Einsichtnahme in die Protokolle der technischen Kommission und der Rat- und Bürgerdeputation. Durch die Anlagen der letzteren wurde auch die Wiedergabe des interessanten Semperschen Stadtplanes ermöglicht. Die Baudeputation stellte das übrige Planmaterial der Stadt in der großen Aufmessung des Geometers Nagel u. a. zur Verfügung. Des Weiteren sind ferner die gedruckten Rat- und Bürgerschlüsse eine wichtige Quelle sowohl für den Verlauf der Angelegenheiten gewesen, wie nach ihnen andererseits auch fast ausschließlich die Baukostensummen festgestellt worden sind. Das tiefere Einleben in die ganze Zeitperiode wurde ermöglicht durch das Studium der damaligen Tagesblätter, als welche besonders der Hamburgische Korrespondent, die Hamburger Nachrichten und der Freischütz genannt werden müssen. Viele Notizen wurden aber auch aus den Fachblättern, speziell Rombergs Zeitschrift für Bauwesen und Försters allgemeine Bauzeitung geschöpft. Als Grundlage für die Darstellung des Brandes diente vor allem Dr. Schleiden, dessen „Versuch einer Geschichte des großen Brandes" für alle Zeiten der vornehmste Rang unter der ungemein mannigfaltigen sonstigen Brandlitteratur zuerkannt werden muß. Auch sind es einzig die Angaben des Schleidenschen Brandplanes, nach welchen die Einzelheiten der neuen Karte des Brandterrains zusammengetragen werden konnten. Für alle auf hamburgische Topographie bezüglichen Angaben verdankt der Verfasser dem Werk von C. F. Gaedechens einen fast nie versagenden Ratgeber, und was das neuere Hamburg betrifft, so hat sich die zur IX. Wanderversammlung des Verbandes im Jahre 1890 herausgegebene Festschrift des Architekten- und Ingenieur-Vereins „Hamburg und seine Bauten" als ein Buch erwiesen, das sich gar nicht mehr entbehren läßt. Die vielen sonstigen Quellen, denen einzelne Angaben entlehnt sind, finden sich im Text namhaft gemacht.

Der Verfasser möchte an dieser Stelle hinzufügen, daß alle Geldangaben nach der Reichsmarkwährung umgerechnet sind und daß alle Bezeichnungen einzelner Erben der jetzigen Numerierung der Straßen entsprechen. — Ebenso entsprechen bemerkenswerter Weise im gegenwärtigen Jahre auch allen Branddaten wieder dieselben Wochentage, auf welche sie im Jahre 1842 fielen.

Dem Architekten- und Ingenieur-Verein aber, auf dessen Anregung diese ganze Arbeit unternommen wurde, sowie allen denen, welche durch mündliche Überlieferung und sonstige Angaben dieselbe gefördert haben, und den verehrlichen Vorständen des Staatsarchives und der großen Bibliotheken, welche das wesentlichste Material bereitwillig zur Verfügung stellten, spricht der Verfasser seinen wärmsten Dank aus und hofft, daß es ihm gelungen sein möge, trotz der Knappheit der Form, welche für die Behandlung einer relativ so kurzen Periode unserer vaterstädtischen Geschichte eine notwendige Bedingung zu sein schien, dem Leser einen möglichst vollständigen Einblick in die unendlich mannigfaltigen Faktoren der sowohl kulturgeschichtlich wie baugeschichtlich höchst eigenartigen Episode des Wiederaufbaues unserer Stadt entrollt zu haben.

Hamburg, im März 1892.

Der Verfasser.

Inhalts-Verzeichnis.

Berichtigung:

Auf Seite 5, Zeile 8 von unten ist statt „Senator Hartung“: Senator Dr. Binder zu lesen.

Fünfzig Jahre sind verflossen, seitdem Hamburg am Trümmerfelde seiner Verwüstung stand, ein halbes Jahrhundert der Arbeit und des Kampfes.

Wohl ziemt es uns in diesem Augenblick das Tagewerk ruhen zu lassen, und uns von den Anforderungen der veränderten Gegenwart zurückzuwenden in jene weit hinter uns liegende Zeit. Zwar vermag das junge Hamburg die Schrecknisse derselben kaum mehr zu fassen, aber ihr Wollen und Können steht ihm in dem Bau des großen neuen Stadtteiles noch jetzt klar verkörpert vor Augen.

Wohl war das Bedürfnis nach tiefgreifenden Umgestaltungen der Stadt im Lauf des Jahrhunderts schon mehrfach nahe getreten. Wohl war schon seit dem Anfang desselben hier und da versucht, aufzuräumen mit der alten Zeit und Platz zu schaffen für die lebhaftere Ausbreitung, auf welche der Geist der neuen hindrängte. Der erste Anlauf aber, die Schleifung der Festungswerke i. J. 1804, war der Stadt übel bekommen. Statt der erhofften Ersparnisse traten Teurung und furchtbare Kriegsdrangsale an sie heran. Napoleon stellte die Festung wieder her, und Hamburg mußte unerhörte Kontributionen bezahlen. Das waren Tage des Todeskampfes für unser Gemeinwesen, und nur langsam vermochten die Bürger ihren Blick nach solch eiserner Zeit wieder frei den Aufgaben zuzuwenden, deren Lösung eine neue Gegenwart mächtig forderte.

Vom Jahr 1818 an wurden die Wälle noch einmal abgetragen. Viele Gebäude, an denen der Epheu von Jahrhunderten emporgerankt war, sanken dahin. So verlor die Stadt, welche schon 1806 ihren altehrwürdigen Dom und die St. Marien-Magdalenen-Kirche niedergelegt hatte, in der Folge auch noch die St. Johannis- und die Heiligen-Geist-Kirche. Durch die hiermit in der Stadt geschaffenen Plätze wurde für den Verkehr indessen kaum ein fühlbarer Gewinn herbeigeführt, denn die z. T. sehr belebten Straßen, hatten für ihre Breite durch sie nichts gewonnen. Erst als mit dem Abbruch der Domkurien hinter St. Peter 1836 bis 1838 die Bergstraße in ihrer jetzigen Breite geschaffen war, hatte Hamburg den Anfang zu Verkehrsbesserungen gemacht. Ungemeine Schwierigkeiten aber stellten sich weiteren Straßendurchbrüchen entgegen und schon lange mußte man es daher mit ansehen, daß sich z. B. in der Johannisstraße und im Burstah fast allstündlich die Wagen festfuhren. Dabei fehlte es der Stadt auch nach wie vor an einer Entwässerung, unheimlicher Schmutz sammelte sich in den Gassen, und Hasenmoore und Flethe strömten entsetzliche Dünste aus.

Nur wenige bedeutende Bauausführungen aus dieser Periode können genannt werden, unter ihnen allerdings das Krankenhaus, das neue Bankgebäude, das Stadttheater und das Johanneum. Als mit letzterem endlich für eine würdige Bildungsstätte der Söhne gesorgt war, da nahte sich auch bald den Vätern der Ersatz für ihre alte Börse, den Ort an welchem während fast dreier Jahrhunderte der größere Teil aller kaufmännischen Geschäfte unter freiem Himmel abgeschlossen war. Der Bau wurde auf dem geweihten Grund und Boden des ehem. St. Marien Magdalenenklosters 1839 begonnen und konnte am 2. Dezember 1841 eingeweiht werden.

Unter großem Festgepränge siedelte die Kaufmannschaft über in ihr neues Haus, und stolze Hoffnungen schwellten den Mut, mit welchem man allgemein der Zukunft entgegenblickte. Großartige Aussichten winkten. Nicht nur die im Ganzen günstige Geschäftslage hob die Stimmung, sondern vielmehr vor allem die neue Errungenschaft der Technik war es, von der man in Zukunft alles glaubte erwarten zu dürfen. Welche Aussichten standen offen für Handel und Verkehr, wenn die Eisenbahnen die Welt erst mit ihren eisernen Netzen umzogen haben würden! Auch Hamburg hatte seine Eisenbahn erbaut, und erstreckte sich dieselbe auch erst bis zu dem nur 16 km entfernten Bergedorf, so war damit doch der erste Schritt zur Verbindung mit Berlin gethan, und zwar zu einer freien Verbindung ohne verjährte Vorrechte einzelner Stationen, ohne hindernde Stapelrechte einzelner Städte, ohne den Transport überall unterbrechende Zollweitläufigkeiten, alles Umstände, durch die dem Kaufmann seit langem der Wassertransport seiner Waren, ganz abgesehen von dem Mehraufwand an Zeit bis zum Äußersten verleidet worden war.

Gerade sollte am Himmelfahrttage den 5. Mai 1842 unsere erste Eisenbahnstrecke eröffnet werden, als die Katastrophe über Hamburg hereinbrach, die durch den großen Brand während 79 furchtbarer Stunden einen ganzen Stadtteil von 310 Hektaren Grundfläche mit über 1200 Erben in Schutt und Asche legte.

1. Der Verlauf des Brandes.

Furchtbarer durch die Plötzlichkeit ihres unerwarteten Hereinbrechens im Gegensatz zu den lange vorher drohenden Kriegsnöten von 1812 bis 14, entsetzlich verwüstender als die hohen Wasserfluten der Jahre 1824 und 25, schlimmer durch ihre vernichtende Kraft, als die Cholera der Jahre 1831 u. 32, wurde der Besitz der Bürger ergriffen von der ungeheuren Feuersbrunst, welche vom 5. bis zum 8. Mai 1842 mit einem Schlage 20000 Personen obdachlos machte.

Nachts gegen 1 Uhr ist das Feuer in der Deichstraße in dem jetzt mit No. 38 bezeichneten Hause durch eine unaufgeklärt gebliebene Ursache zum Ausbruch gekommen. Der gewöhnliche Feuerlärm durch Rasseln und Ruf der Wächter, Signalschüsse der Soldaten auf den Wachen und Anziehen der Sturmglocken durch die Türmer, rief die durch Amt und Pflicht zur Hülfeleistung verbundenen Mannschaften schnell herbei, und bald nach 1 Uhr war auch bereits der Spritzenmeister Repsold auf der Brandstätte erschienen. Genährt aber durch die gewaltigen Warenvorräte in den Speichern[1]), nahm das Feuer schnell einen sehr bedrohlichen Umfang an, überschritt das nur 7 m breite Deichstraßenfleth und hatte sich des Morgens um 5 Uhr bereits auch der Steintwiete so sehr genähert, daß die Spritzenmeister Repsold und Bieber es für geboten erachteten, sich wegen einer Erlaubnis zu außerordentlichen Hülfsmaßregeln an den Polizeiherrn Senator Hartung zu wenden. Dieser war seiner Pflicht gemäß gleichfalls schon während der Nacht auf der Unglücksstätte erschienen, und saß mit den anwesenden 4 Feuerkassenbürgern in dem jetzt mit Deichstraße No. 9 bezeichneten Hause von Brandt & Tiemann zu Rat. So sehr derselbe aber auch als Augenzeuge die furchtbar drohende Gefahr mehr und mehr um sich greifen sah, so glaubte er, und wohl mit Recht, doch nicht, daß in der absichtlichen Zerstörung einiger Häuser ein Heil zu finden sei. Er ermahnte nur zu denkbar angestrengtester Gegenwehr mittels aller herbeizuschaffenden Spritzen. So eifrig

---

[1]) Allein in dem Speicher von Vidal & Co., jetzt Deichstraße 34, lagerten z. B. 350 Htl. Arrak, 50 tons Zucker, 50 tons Stocklack, 25 tons Galanga Wurzel, 3 tons Schellack, 4 tons Gummi Damarh und 3,5 tons Kampher.

unsere Löschmannschaften aber auch ihre Pflicht erfüllten, so ließ es sich doch nicht vermeiden, daß die Flammen bald die jenseitige Häuserreihe der nur 5,5 m breiten Steintwiete ergriffen, so daß auch hier nur die damals neueren Häuser jetzt No. 1 bis 11 gerettet werden konnten.

Trotz dieses furchtbaren Fortschreitens des Feuers blieben die Anwohner im weitern Umkreis noch völlig ruhig und vertrauten wie immer der Tüchtigkeit unserer Feuerwehr. Jeder wußte, daß in ihr der Geist unseres Johann Georg Repsold fortlebte, der von 1799 bis 1830 Ober-Spritzenmeister gewesen war, und den die Mitbürger durch das Denkmal auf dem Wall geehrt hatten. Sein jüngerer Sohn Adolf war jetzt Spritzenmeister und sein älterer Sohn Georg kam aus uneigennützigem persönlichen Antriebe zu jedem Feuer herbeigeeilt, um zu helfen, wo es ihm möglich war. Im Amte des Ober-Spritzenmeisters dagegen befand sich Johann Ehlert Bieber, der Glockengießer, der ebenfalls schon auf eine 12 Jahre lange Wirksamkeit in seiner gefahrvollen Stellung zurückblicken konnte. Auch die Feuer-Offiziere Oberst-Lieutenants Mayrose und Friedrich Amsinck hatten schon die Franzosenzeit mit durchlebt, sodaß ihre Gegenwart überall nur das Gefühl der Sicherheit steigern konnte. Unter den Kommandeuren war besonders der Mechaniker Hannibal Moltrecht bekannt, der später ablösungsweise mit dem Mühlenmeister Nagel den Oberbefehl übernehmen mußte.

Im ganzen besaß die Stadt 31 große und 3 kleinere Landspritzen und 11 Schiffsspritzen. Für jede der erstgenannten waren 2 Kommandeure, 16 Leute zum Pumpen, 2 Rohrführer, 2 Retter und 2 Reserveleute, also 24 Mann, für jede der kleinern 21 Mann erforderlich. Die Schiffsspritzen hatten nur je 1 Kommandeur, 9 Leute zum Pumpen, 2 Rohrführer und 4 Reserveleute, im Ganzen also 16 Mann zur Bedienung. Das Wasser wurde entweder aus den vorhandenen Notpfosten der Wasserkünste oder aus den Flethen entnommen. In letzterem Fall benutzte man den sog. Zubringer, welcher von 12 Mann bedient und mit einem Druckwerk verbunden wurde, zu dem 30 Mann gehörten. Da diese Einrichtung direkt natürlich nur für eine oder zwei Spritzen dienen konnte, so bedurfte man weiter noch der Wasserkopen, deren 21 vorhanden waren, und über die 2 Kopenmeister das Kommando führten, während jede einzelne Kope von 1 Kutscher und 2 Spritzenleuten zu bedienen war. Außerdem befanden sich bei jeder der 5 Hauptkirchen Feuerleitern und haarene Decken, für deren Bedienung je 10 Mann designiert gewesen sind, während weitere 10 Mann als Adjutanten zur Verfügung der Spritzenmeister standen. Dies ergiebt zusammen 1150 Feuerwehrleute und läßt entnehmen, wie ungemein schwierig die Aufrechterhaltung der Disziplin und der Ordnung in solchen Fällen war, wo, wie damals, die gesamte Mannschaft in einem einzigen Bezirk ihre Thätigkeit entfalten sollte.[1]) Die große Anzahl der Spritzenleute selbst und der Raum, welchen sie zu ihrer Entwickelung brauchten, machte es ferner unerläßlich, die Absperrung der Straßen durch Militär strenge durchzuführen. Hierdurch wurden Bürger, die etwa helfend hätten eingreifen mögen, fern gehalten, während andererseits der Pöbel, der sich an der Sperrlinie drängte, gar nicht gesonnen war, mit Hand anzulegen. Für anderweite Organisierung von Reserven war keine gehörige Vorsorge getroffen, sondern vielmehr nur, dem damaligen Gebrauch entsprechend, die Gesellen und Burschen auf den Amtsherbergen versammelt, von wo sie im Fall der Not sollten herbei gerufen werden können.

Stellt man sich das Getöse all dieser Menschen im Verein mit dem Geprassel der Flammen vor, so muß es fast Wunder nehmen, daß die Kirchenglocken die Feuerglocken dennoch übertönen konnten, sodaß sich die Gemeinden in den Kirchen zum Gottesdienst des Himmelfahrttages versammelten. Die Arbeit des Löschens aber gestaltete sich zunehmend schwieriger. Die Mannschaften waren zum bessern Teil bereits erschöpft, zum andern war die Versuchung, sich in den großen Lägern dem Weingenuß hinzugeben oder sich an dem Zigarren- oder Viktualienraub in den Speichern zu beteiligen, sehr verlockend und daher konnten die noch wirklich angestrengt arbeitenden Mannschaften es nicht hindern, daß das Feuer die 8 m breite Deichstraße überschritt, sodaß es mittags bereits 3 große Häuserinseln zu verteidigen galt. Nun scheint auch das Oberkommando den Umständen nicht mehr ganz gewachsen gewesen zu sein, und es waren die allerschlimmsten Vorzeichen für den Fortgang des Feuers vorhanden, als mittags um 1 Uhr, noch ehe die Häuser des Hopfenmarktes brannten, die Flammen den St. Nicolai-Kirchturm ergriffen. Auch die Mittagspredigt war hier unbegreiflicher Weise noch abgehalten worden und gerade ehe Kandidat Wendt dieselbe geendet hatte, und bevor irgend jemand die Rettung der wertvollsten Sachen aus dieser alten Kirche beschaffen konnte, wirbelte

---

[1]) Siehe: Schleiden, Geschichte des Hamb. Brandes, und Neddermeyer's Statistik, Hbg. 1847, Seite 569 ff. Herbert, der große Brand, Altona 1842, worin Repsold's Bericht über das Verhalten des Löschkorps während des Brandes abgedruckt ist. Ferner Chevalier Paulin, Kommandant des Löschkorps in Paris. Bericht betr. den großen Brand, und die desbzgl. Entgegnungen der Hamburger in Neue Hamb. Blätter von 1844. — Die eigentlichen Jahresgehälter des Spritzen- und Wagen- ꝛc. Personals pflegten nur ca. 24 bis 30 000 Mark zu betragen. — Die Löschkosten des großen Brandes aber sind auf fast 234 000 Mark angewachsen. — Die gegenwärtig seit 1872 bestehende Berufsfeuerwehr verfügt, trotzdem Hamburg jetzt 3mal so viel Einwohner hat, nur über den vierten Teil jener Mannschaft: nämlich 275 Mann und 5 Offiziere. Ferner besitzen wir jetzt 11 Land- und 11 Schiffs-Dampfspritzen und 39 Saug- und Druckspritzen. Der jährliche Unterhaltungs-Etat der Feuerwehr beläuft sich gegenwärtig auf über 700 000 Mark.

die Glut am Turm empor. Alle Löschversuche erwiesen sich als vergeblich, und bald glich der Helm einer ungeheuren Feuersäule. Noch einmal ertönte in furchtbarem Wehläuten das Glockenspiel, dann stürzte um 4 Uhr die oberste Spitze hernieder und nach einem erhabenen Schauspiel, in welchem die durch das schmelzende Kupfer rot, grün und gelb gefärbten Flammen zum Himmel loderten, neigte sich kurz vor halb 6 Uhr der ganze Turm, und stürzte langsam und unter donnerndem Gekrach zusammen. Sogleich schlug eine glühende Lohe aus dem unteren Mauerkörper hervor, und hob sich zu schwindelnder Höhe gen Himmel. Inzwischen hatte auch die Kirche selbst längst Feuer gefangen und von ihren zahlreichen und wertvollen Kunstschätzen konnte nichts als die Altargeräte gerettet werden.

Dieses ganz unerhörte Umsichgreifen der Katastrophe schien nun doch die Anwendung außerordentlicher Hülfsmittel herauszufordern, und da vor Kurzem bei den großen Bränden von Charlestown und New-York durch Sprengungen mittels Schießpulvers sehr beachtenswerte Erfolge erzielt waren, so gestattete der Senat, daß ein dementsprechender Versuch gemacht werde. Hiernach wurde zuerst das Eckhaus vom Hopfenmarkt und der Deichstraße gesprengt, und dann 2 Häuser des Straßenviertels Neueburg. Leider war der Erfolg nicht der erhoffte. Einesteils fehlte es bei diesem Vorgehen an genügend sachkundiger Leitung und andernteils wäre bei ruhiger Überlegung die Auswahl der für solchen Zweck preisgegebenen Häuser sicher nicht auf eben diese Erben gefallen. Nichtsdestoweniger geschah das Möglichste, das Holz und die sonstigen brennbaren Teile nach der Beseitigung der Häuser in die Flethe zu stürzen, aber auch hiermit war wenig Sicherheit zu gewinnen, denn in den Kanälen brannten bereits alle Pfähle und entsetzliche Gefahren wurden verbreitet durch brennende Spirituosen, die sich aus den Fässern der großen Warenlager in die Wasserläufe ergossen und sie nebst den hineinstürzenden Trümmern für alle Schiffahrt völlig unpassierbar machten.

Alles dies, im Verein mit der allmählich verrauchenden St. Nicolai Kirche wirkte zusammen, um schon am Abend des ersten Brandtages unter den Bewohnern nicht nur das frühere Gefühl der Sicherheit gänzlich schwinden, sondern bald Furcht und Schrecken im verderblichsten Maße um sich greifen zu lassen. Sämtliche Häuser ganzer Straßen waren plötzlich verlassen. In der Bohnenstraße z. B. hatte das Feuer noch überhaupt gar kein Haus erreicht, als sie schon völlig menschenleer und wie ausgestorben war. Auch der Burstah ist viel zu schwach verteidigt, unmöglich hätte sonst das Feuer um 11 Uhr abends schon seine natürliche Grenze, den Alsterlauf, überschritten haben dürfen, wonach dann durch die hinzutretende Notwendigkeit der weitern Verteidigung des großen

Nach einer Lithographie von Otto Speckter.

Die St. Nikolaikirche nach dem 2. Einsturze vom Reichenstraßenfleth aus gesehen

am 5. Mai 1842, $5^1/_2$ Uhr Nachm

Häuserviertels am Mönkedamm die Mannschaften sich wieder um so mehr zersplittern mußten.

Dennoch schien es klar, daß der Morgen nicht abgewartet werden durfte, ohne daß auf das Allerernstlichste versucht wäre, dem Fortgang des Brandes irgendwie Schranken zu setzen. Man ratschlagte, und glaubte, daß jetzt die ganze Kraft auf Eindämmung des Feuers an seiner südöstlichen Grenze verwandt werden müsse. Hier kam zunächst das Rathaus in Betracht, und da eine Deckung desselben nicht mehr möglich schien, so erklärten die englischen Ingenieure Giles und Lindley, sowie der Major von Otten, der mit einigen Bürgern die Sprengungen leitete, daß unter allen Umständen das Rathaus niedergelegt werden müsse.

Schon im Lauf des Himmelfahrttages hatten vorsichtiger Weise eine ganze Reihe von Behörden das Rathaus geräumt und die dort, sowie in dem Stadtarchiv-Hause in der Bäckerstraße befindlich gewesenen wichtigsten Akten zusammengepackt. So war es u. a. gelungen, die Hypothekenbücher der Stadt und die Bücher und Papiere der Kämmerei fortzuschaffen. Aus dem Archivhause allein sind 18 große Blockwagen voll Akten im Keller der St. Michaelis-Kirche geborgen worden. Das bare Geld lag in dem Teil des Kellers, der sich unter dem jetzigen Fahrweg des Neß befand; in völliger Unkenntnis darüber daß dieser Keller nur mit Bohlen abgedeckt war, wurden auch die Kontanten aus der Bank auf Schubkarren nach dort gefahren und geborgen. — Der Senat selbst war abends die einzige Behörde, die sich noch im Rathause befand. Der Verfassung gemäß hatte sich Bürgermeister Benecke mit den 8 jüngsten Ratsherren bei Ausbruch des Feuers sogleich zusammengefunden. Es läßt sich ermessen, von welcher Wichtigkeit diese Verfassungsbestimmung in jenen Stunden werden mußte, wo die ungewöhnlichsten Fälle fortwährend die augenblicklichste Entscheidung erheischten; wo ununterbrochen Anträge von größter Tragweite zu diskutieren waren, deren Konsequenzen sich dennoch schwer übersehen ließen; wo der Rat durch die Erlaubnis zu Sprengungen die Verantwortung für die rücksichtslose Verfügung über den Privatbesitz auf sich nehmen mußte. Dabei waren in äußerster Eile die Vorträge der Spritzenmeister, der Bürgerwehrkommandeure, der Vorsteher der Feuerkasse und des Kommerziums entgegenzunehmen. Trotzdem aber ist auch jener Muselmann vom Rat nicht abgewiesen, der sich erbieten wollte, gegen eine Summe von 60 000 Mark den Brand zu beschwören. Obgleich ihm gesagt wurde, das Geld liege bereit, hat derselbe indessen doch gemeint, sich auf Kreditgebung nicht einlassen zu können.

Die Stunden rückten vorwärts, und die letzte große Entscheidung trat heran. Das Kollegium der Oberalten und die Kammer waren nicht mehr beisammen,

Neueburg. Trostbrücke. Rathaus. Alte Börse. Kommerzium. Krahn. Brotschrangen. Zollenbrücke.

Der Brand des Rathauses und der alten Börse vom Grimm aus gesehen.

Nach einer Lithographie von Peter Suhr.

nur die Bankbürger haben sich noch ausdrücklich einverstanden erklären können. Dann erhob sich Bürgermeister Benecke zum letzten Mal zum Wort, um von der Stelle Abschied zu nehmen, von wo aus der Rat seit einem halben Jahrtausend in guten und bösen Tagen Hamburgs Geschicke geleitet hatte. Um halb 3 Uhr nachts trat der Senat in ernstem Zuge durch die furchtbar erleuchteten Straßen den Weg nach dem Stadthause an. Rasch wurden dann 800 Pfd. Pulver unter den linksseitigen Teil des Rathauses gebracht und wenige Minuten später war unter mächtigem Krachen[1]) das Werk der Zerstörung vollbracht. Prasselnd fielen die gewaltigen Trümmermassen zur Erde zurück und lagerten sich, Dank der Vorsehung, auch auf der Decke der Schatzkammer, sodaß deren Inhalt glücklich gerettet wurde. Wie gewagt das Experiment solcher Sprengung übrigens gewesen ist, mag man daraus entnehmen, daß das Dach des gegenüber belegenen Kaiserhofes, dessen Häuserreihe man doch gerade zu retten wünschte, von zurückfallenden Steinmassen arg zerstört wurde, worauf dann sogleich ein großer Vorrat von Torf, der auf dem Hausboden lag, hell aufflammte. Nur der Geistesgegenwart eines seiner Bewohner verdankte der Kaiserhof danach seine Rettung, indem jener, wiederum das Äußerste wagend, unter Hülfe des Personals den brennenden Torf auf die Straße hinabwerfen ließ, wonach man es dann als gewissermaßen unverdientes Glück rühmen muß, daß es gelungen ist, ihn durch Spritzen zu löschen.

Wie viel andererseits durch das wirklich besonnene und systematische Zusammenarbeiten der Hausbesitzer erreicht werden konnte, beweist die Rettung der Katharinenstraße und des Grimm, die beide durch den Brand der Neuenburg auf das unmittelbarste bedroht waren. In allen Rinnen aber saßen die Leute und gossen Wasser; die Fenster waren, wo es anging, verrammelt; der Kanal wurde unausgesetzt beobachtet und so ist es durch die Haltung und den Opfermut der Bewohner dieser zwei Straßen gelungen, daß sie mit ihren Häusern die St. Katharinen-Kirche und das ganze Kirchspiel mit seinen unermeßlichen Warenlagern vor dem Untergang gerettet haben.

Während man mit der Sprengung des Rathauses am südöstlichen Ende dem Brand einen Damm zu setzen versuchte, hatte das Feuer im Nordwesten sich über den Rödingsmarkt, die Schliekutbrücke und den Neuenwall unaufhaltsam verbreitet, sodaß trotz des herrschenden Südwestwindes das Schlimmste für die Neustadt zu befürchten stand. Es wurde daher auch hier eine umfassende

---

[1]) Daß bei diesen Detonationen die Fensterscheiben der umliegenden Häuser gesprungen sind und andere Schäden angerichtet wurden, ist selbstverständlich. Für ihre Stärke aber mag es weiter einen Beleg bilden, daß z. B. das Ziegeldach des Stadthauses, obgleich weit entfernt, völlig aus seinen Fugen gehoben wurde.

Sprengung gestattet, und von Freitag morgens 7 Uhr an sind unter Leitung des Mechanikers Thompson 7 Häuser am Graskeller (jetzt No. 2 bis 16) niedergelegt. Hierdurch ist nach dieser Seite hin zum Glück ein wirklicher Erfolg herbeigeführt und dem Weitergreifen des Feuers eine nachhaltige Grenze gezogen worden. Dies war aber auch der einzige Sieg, den man über das Element hatte davon tragen können. Nicht nur vor dem Winde griffen die Flammen furchtbar und unaufhaltsam um sich, sondern bei Tagesanbruch sprangen sie auch abermals über einen unserer breitesten Wasserläufe und setzten das Haus auf dem jetzigen Erbe Neuerwall No. 59 in Brand. Immer schwieriger gestaltete es sich nun, die weitläufige Front des Feuers zu verteidigen, zumal die Häuser von den Bewohnern gewissermaßen widerstandlos preisgegeben wurden. Nur dadurch konnte es z. B. geschehen, daß selbst gegen den Wind noch das jetzt No. 61 bezeichnete Haus dem Feuer zum Opfer fiel. Die Löschmannschaften arbeiteten, wo sich die Spritzen gerade befanden; an ein einheitliches Kommando konnte nicht mehr gedacht werden. Wer sollte auch sagen, wo zuerst angreifen? Gewiß war von allen möglichen umliegenden Ortschaften Zuzug eingetroffen. Schmidt's Telegraph[1]) hatte besonders Hülfe aus Stade, Blankenese und Wedel herbeigerufen, aber oft schaffte der beste Wille planlos, und mühsame Arbeit wurde überholt durch den Fortgang des Elements an Stellen, deren Haltung wichtiger gewesen wäre.

Außer alledem gesellte sich ein neues feindliches Element zu den übrigen. Schon seit Freitag Morgen nämlich machte sich der Pöbel die allgemeine Furcht in schrecklichem Maße zu Nutze. Horden mit Äxten drangen in die Häuser, deckten die Dächer ab[2]) oder nahmen von den Verlassenschaften Besitz; mehrfach vertrieben sie auch die Bewohner, indem sie ächzend mit leeren Pulver-

---

[1]) Schmidt's optischer Telegraph war als Privatunternehmen einer Anzahl von Kaufleuten im Jahre 1837 eingerichtet, um Hamburg mit Cuxhaven zu verbinden, und hat bis 1848 bestanden. — Sämtliche Feuerdepeschen sind zusammengestellt in „Des Telegraphen Rückblicke“, Hamburg 1845.

[2]) In den Versuchen des Abdeckens der Dächer lag ein unglaublicher Frevel. Z. B. wurde auf diese ruchlose Art auch das Hinterhaus des Hutmachers Cahen in der Neustädter Fuhlentwiete No. 104 blosgelegt, und nur unter großer Mühe und zu wucherischen Preisen gelang es dem Besitzer, schnell neue Pfannen wieder zu kaufen und sein Speicherdach zuzulegen. Durch diese That hat derselbe sich vielleicht zum Retter des ganzen Stadtteils gemacht. — In anderer Beziehung fürchtete man auf gewissermaßen lächerliche Art die gerade hier anwesenden Engländer als Brandstifter, eine Vermutung die vielleicht hauptsächlich auf den Umstand zurückzuführen sein dürfte, daß kurz vor dem Brande von England her, die neuen Phosphorfeuerzeuge hier eingeführt wurden, mit denen man nach der Meinung des Volkes beängstigend leicht Feuer mußte anrichten können.

tonnen angeschleppt kamen, unter dem Vorgeben daß das betreffende Haus gesprengt werden solle. Die Leute haben dann in ihrer Bestürzung oft das Wertloseste mit sich zu nehmen versucht, sodaß sich für das scharfe Auge dieser Schurken vielfach reiche Beute vorfand. Oft halfen die Kerle auch das Beste der Habe auf mühsam und zu unerhörten Preisen requirierte Wagen oder Schuten laden, und fuhren dann mit den Sachen ab, ehe die Besitzer den Rest ihrer Habe unterm Arm, das Haus verlassen hatten. Schlecht erging es bei dieser Gelegenheit freilich einem Dieb, der mit einem Wagen voll Möbeln davon fuhr, auf welchem sich auch ein Papageienbauer befand, dessen Insasse so lange „Spitzbube" rief, bis der rechtmäßige Eigentümer den Wagen wieder einholte. — Fanden sich Vorräte, so wurde gegessen und getrunken, und neben Furcht und Schrecken entblößte sich die roheste Sinnenlust. Am schlimmsten tobte im Keller an der Ecke des Burstah und Altenwalls ein Haufe Gesindels, unter denen sich auch mehrere Gardisten und ein Spritzenmann befunden haben sollen. Kein Rufen und Drängen konnte sie bewegen, den Platz zu räumen, und immer von neuem kreisten die mit Champagner gefüllten Löscheimer und Pickelhauben unter sinnlosem Gesang um die Tische, bis das Haus zusammenstürzte und sie sämtlich begrub.[1]) Furchtbar war später die Ausstellung der verstümmelten Leichen, unter denen dennoch eine Frau ihren Mann wieder zu erkennen glaubte. Obgleich eine vierschrötige Person, mußte sie ohnmächtig aus dem Saal getragen werden. Sie kehrte aber kurze Zeit darauf mit Arbeitsleuten und einem Sarge zurück und war nun doch nicht davon abzubringen, den schauerlichen Anblick noch einmal in sich aufzunehmen, da sie als echte „Hamborgersch" den Leuten nicht zutrauen wollte, daß sie ihr andernfalls ihren richtigen Mann ausgeliefert hätten, der doch sicher nur der von lauter Bösewichtern verführte gewesen sein konnte. — Oft streifte selbst das furchtbarste Entsetzen fast an Humor, und die Umstehenden haben sich des Lachens nicht enthalten, als der Maskenverleiher sich in einem Napoleons-Kostüm mit Stulpenstiefeln rettete, und als eine alte Frau am Burstah ihr dickes Federbett mit sich tragend, nachdem sie umgeworfen und überfahren war, schimpfend und keifend unter der schützenden Hülle derselben wieder hervorkroch und unbeirrt weiter lief. Aber auch plötzlicher Wahnsinn trat ein, wie bei jener Frau, welcher

---

[1]) Ähnliche Szenen ereigneten sich später auch in der Paulstraße und a. a. O. Deshalb nahm der Mäßigkeitsverein nach dem Brande Anlaß, das Bild „Der Branntweindrache" herauszugeben. Ungeheure Menschenmassen arbeiten hier, um den unersättlichen Rachen eines Ungeheuers mit Getreide zu füllen. Unterhalb werden ganze Wälder verbrannt und im Bauch des Drachens destilliert sich der Weingeist, der den Stoff zu den Saufgelagen im Schwanze des Tieres hergiebt. — Siehe auch das diesbezügl. Gedicht im Hamb. Correspondenten 1842, No. 149.

Scheelengangsbrücke. (Jetzt: Adolfsbrücke.)　St. Petri- u. St. Jakobi-Turm. Börse.　St. Katharinenturm.

Ansicht des Altenwallfleths von der Graskellerbrücke

am 6. Mai 1842, 7 Uhr morgens.

Nach einer Lithographie von Peter Suhr.

der Schreck so sehr in den Kopf gefahren war, daß sie aus einem vollen Beutel Geld nach allen Seiten austeilte, weil die Welt untergehe und fernerweit keine Bedürfnisse mehr bestehen würden.[1]) — Kranke wurden vielfach in Stühlen und in Betten durch die Straßen getragen, und erhaben war der Eindruck, als die Massen auseinander wichen, um die vier Söhne einer angesehenen Familie auf dem Neuenwall vorüber zu lassen, welche die bereits eingesargte Leiche ihrer Mutter trugen, um sie durch das Getümmel der Straßen hinaus zu retten nach dort, wo vor dem Thor die ewige Ruhe waltet.

Während mancherorten Häuser und Straßen dem Feuer preisgegeben wurden, hat es aber auch an diesem Tage andererseits nicht an Leuten gefehlt, die Leben und Gesundheit in opferwilligster Weise für das Gemeinwohl herzugeben bereit waren. Hier ist ganz besonders der Rettung der Börse zu gedenken. Nachdem das Sprengen bezw. Einschießen[2]) der Herrenmühle, welche die Stelle des jetzigen Reichsbankgebäudes einnahm, sich nicht hatte bewerkstelligen lassen, war es augenscheinlich, daß die Börse dem Untergange geweiht sein werde. Viele Leute hatten in ihrem weiten Raum sich und ihr Eigentum zu bergen versucht, aber schon in der Nacht zum Freitag kostete es nicht wenig Mühe, das platte Dach mit seinen Öffnungen zu schützen und morgens mußte der Bauführer Doelcke, welcher sich hierbei sehr verdient gemacht hatte, mit gänzlich verbrannten Fußsohlen fortgetragen werden. Der Sekretair des Kommerziums, Dr. Kirchenpauer, brachte persönlich die wichtigsten Dokumente nach seiner Wohnung am Jungfernstieg, und später weiter in Sicherheit. Dann mußten die vielen Leute mit ihren geretteten Sachen eilends die Börse räumen und O. R. Schroeder als Präses und Dr. Soetbeer als Bibliothekar der Kommerz-Deputation ließen einige Fenster mit Mauersteinen zusetzen und die kostbarsten Schätze der Bibliothek nach dem Keller hinunterschaffen. Unaufhaltsam rückte nun das Feuer näher und mit Gewalt mußten die letzten Flüchtlinge aus der Börse trotz Schreien und Fluchen durch das Geprassel der Flammen und das Krachen zusammenstürzender Häuser in Sicherheit gebracht werden. Da unternahm es der Kommerz-Bürger Theodor Dill, welcher bis dahin im Keller mit den Büchern beschäftigt gewesen war, noch einen Versuch zur Rettung der Börse zu machen. Es gelang ihm, wenige Leute, und unter diesen besonders die Kaufleute H. Hasse und C. F. Denicke, zu gewinnen, denen allen gleich ihm der

[1]) Siehe Erzählungen, Anekdoten und Charakterzüge in Beziehung auf den großen Brand, von einem Hamburger, 1842.

[2]) Es wurde an dieser Stelle auch versucht, das dicke Mauerwerk mit Kanonen einzuschießen, was aber nicht gelang. Es sind in zwei Fällen, zusammen 12 Schüsse, aus schweren Geschützen abgegeben.

Rückzug gewissermaßen abgeschnitten war.[1]) Durch ihre vereinte und hingebende Anstrengung ist es thatsächlich gelungen, dieses große Gebäude zu retten. Nur ein äußerst geringes Wasserquantum fanden sie noch vor, dennoch wurde Flugfeuer wie Flammen, die mehrfach aufzüngeln wollten, erstickt. Hier galt es, mit jedem einzelnen Löffel voll Wasser Haus zu halten, und Gott gab, daß die Gefahr vorüber war, als man den letzten Tropfen verbraucht hatte. Richtige Führung und energisches Wollen hatte die Börse vor dem Untergang bewahrt und unendlich viel mehr war der Stadt mit ihr erhalten, als vielleicht in jenen Stunden der Gefahr von den Beteiligten geahnt werden konnte. Immer wird unsere Kaufmannschaft es mit hohem Stolz aussprechen dürfen, daß die Ihrigen selbst persönlich Leib und Leben daran gesetzt haben, diese Heldenthat zu vollbringen. Voll und ganz wurde aber auch der Dank empfunden, den der mutige Theodor Dill verdient hatte, und der später seinen Ausdruck fand, indem 90 der bekanntesten Kaufleute, die sich auf einem von Speckter reizend gezeichneten Dokument eigenhändig unterschrieben haben, dem Retter ihrer Börse als Ehren-

[1]) Die Namen der übrigen Herren waren: Altschwager, Faas, Heinrich, Höber, Rittler, Weimann, Wolff.

Der Jungfernstieg vor dem Brande.

gabe das große Ölgemälde von Hermann Kaufmann[1]), die vom Feuer bedrohte Börse darstellend, zu steter Erinnerung überreicht haben.

Rings um die Börse herum aber hatte das Feuer im Lauf des Freitags entsetzliche Fortschritte gemacht. Schon um mittag war nördlich das Bleichenfleth überschritten, und südlich auch durch den großen Johannisplatz und trotz der Erhaltung der Börse dem Feuer keine natürliche Grenze erwachsen. So fiel auch unser altberühmter Jungfernstieg mit seinem Luxus und Reichtum den Flammen zum Opfer. Unzählige Familien hatten ihr Hab und Gut auf die breite Promenade geflüchtet und wurden nun furchtbar in die Enge getrieben als der Fahrweg bald verstopft war, die Sperrketten zerrissen wurden und die Wagen sich rücksichtslos einen unmöglich scheinenden Weg durch die Menschenmassen bahnten. Kaum aber war hiernach der Hausrat und die Betten noch näher zusammengeschoben, da brannten auch bereits die Bäume, das Flugfeuer setzte das Gerät in Brand und in heillosem Wirrwarr mußten Mobilien und Sachen in die Alster gestürzt werden und die Flucht blieb die einzige Rettung. Auch von den zahlreichen mit Mobilien beladenen Fahrzeugen, die die Alster bedeckten, gerieten viele durch die glühende Hitze plötzlich in Brand, und den Besitzern blieb keine Wahl, als auf gut Glück ins Wasser zu springen und das nackte Leben zu retten. — So wiederholte sich hier in furchtbar entfesselter Weise das grandiose Schauspiel eines Wasserfeuerwerks auf derselben Stelle, wo am 8. Juli des verflossenen Jahres der stolz sich brüstende hellerleuchtete Feenpavillon die Gäste des 3. norddeutschen Musikfestes zu nicht endenwollendem Beifalljubel heraus gefordert hatte[2]). Niemand aber fand heute Zeit, sich an diesem Schauspiel zu weiden. Wer sich müssig zeigte oder nicht augenscheinlich vollauf mit seinen eigenen notwendigsten Sachen zu schaffen hatte, wurde an die Pumpen geschleppt, und wer in Amt und Pflicht stand, diese Maßregeln zu leiten, für den blieb erst recht keine Muße, sich unnütz umzublicken.

Der Wind hielt sich aus Südwesten, und es mußte nunmehr der Gänsemarkt mit dem dahinter liegenden Quartier schwer bedroht erscheinen. Man

[1]) Das Bild ist 70 zm hoch und 90 zm breit. Dasselbe wurde am 10. Dezember überreicht, wogegen Dill die Urkunde erst am Weihnachtsabend erhielt. Das Bild, jetzt im Besitz von Theodor Dill jr., darf zweifellos als das vorzüglichste von allen Brandbildern hingestellt werden, die wir haben. Im Vordergrunde links sieht man die Herrenmühle, rechts sind Wohnhäuser dargestellt. Zwischen beiden öffnet sich der Blick auf den Adolfsplatz, wo die glutumleuchtete Börse der unabwendbarsten Gefahr preisgegeben zu sein scheint. Die Perspektive ist richtig, und das Getümmel des Volkes hat der Künstler mit feinster Hingebung behandelt.

[2]) Siehe die Ansicht desselben von Otto Speckter in Avé-Lallement, Rückblicke auf das 3. Nordd. Musikfest, Lübeck 1841, und die interessante Darstellung der Festhalle in Romberg's Zeitschrift für Bauwesen, 1846.

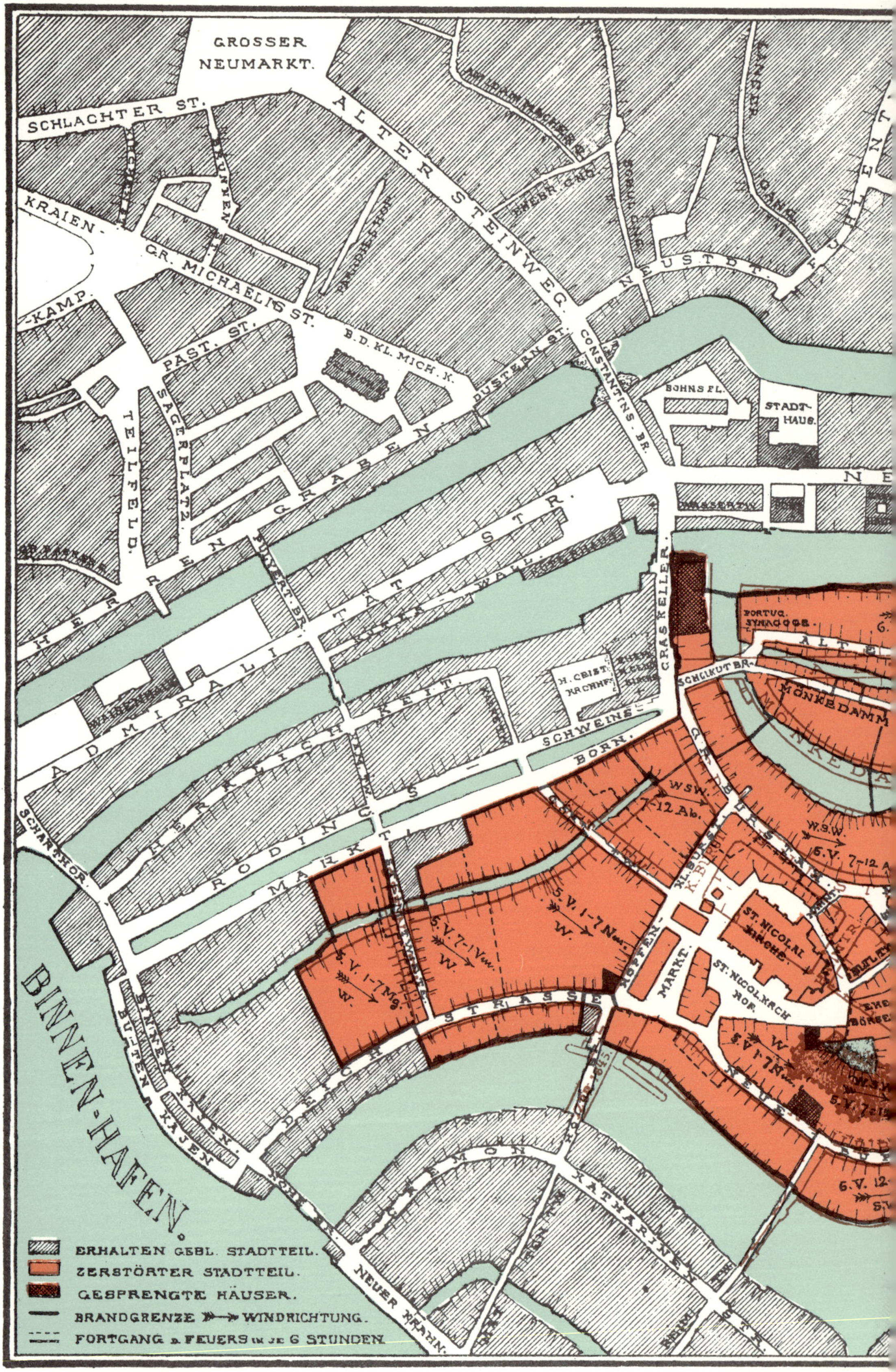

Otto Meissner, Hamburg 1892.

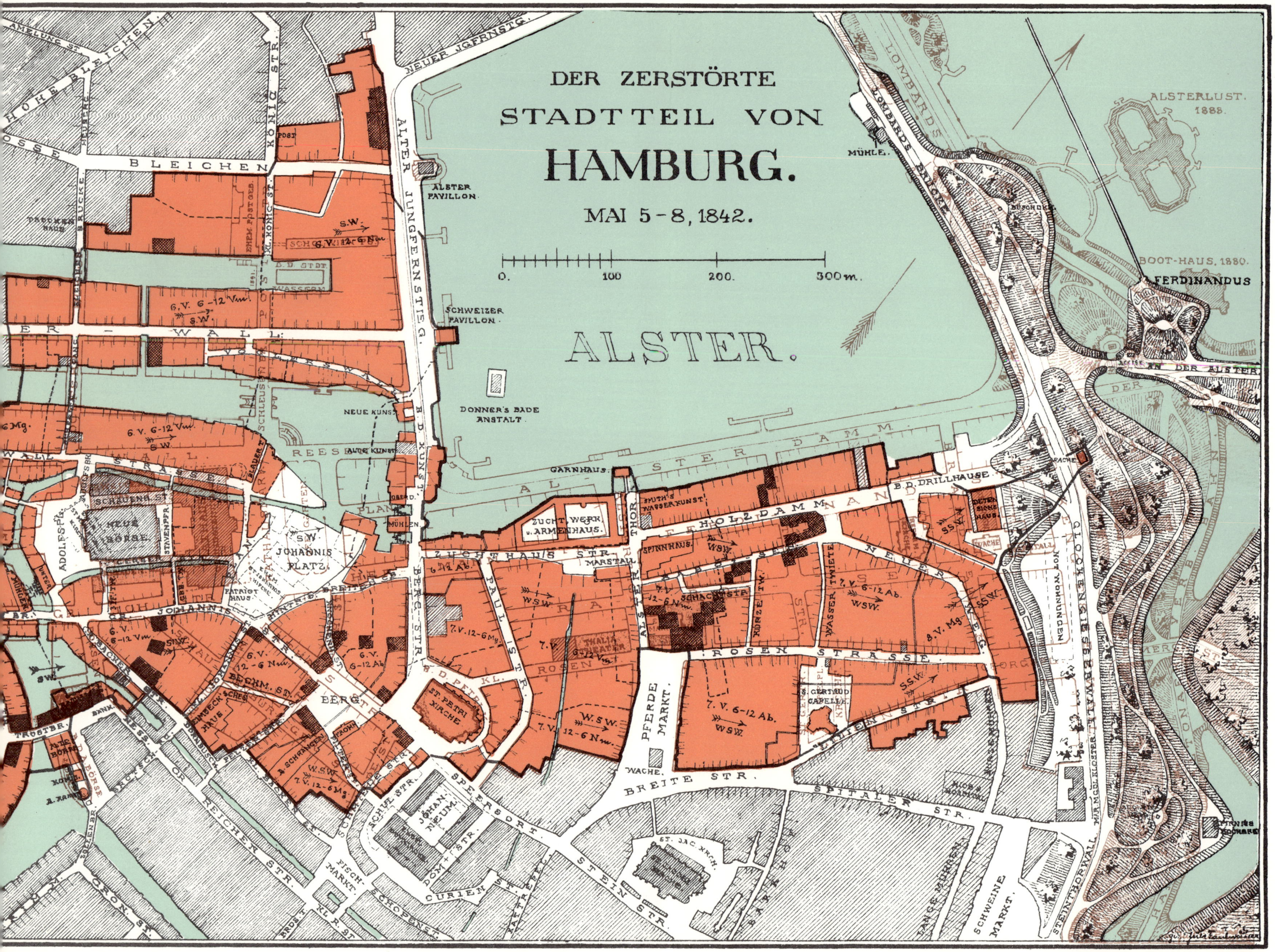

Photolithographie v. Strumper & Co. Hamburg.

beschloß deshalb auch hier wieder, mittels Sprengung das Heil zu versuchen und es ist die Reihe Häuser auf den Grundstücken des jetzigen Hamburger Hofes bis nach Streits Hotel (No. 26 bis 34) und zwar mit dem gewünschten guten Erfolge gewaltsam niedergelegt worden. — Bei diesen Maßnahmen war es ein vorzüglicher Triumph für den Pöbel, sich vorher schnell in die zum Opfer erkornen Häuser hinein zu drängen und hier an Gläsern und Spiegeln alles zu zertrümmern, was sich irgend erreichbar zeigte. Es ging nämlich das Gerede, daß andernfalls solche zerbrechliche Gegenstände beim Sprengen fortgeschleudert würden und an andern Orten noch Unheil anrichten könnten. Dem wäre nun natürlich hierdurch ebenfalls nicht vorgebeugt gewesen, und es wird z. B. auch erzählt, daß eine dreieckige Spiegelscheibe, durch die Luft herniederfahrend, einem Handwerksburschen bei Wandsbeck in die Mütze geflogen sei. Derselbe ist aber ohne Verletzung davon gekommen und soll das Glasstück noch lange Zeit als Talisman bewahrt haben. — Wie weit übrigens, wohl verbürgter Weise, einzelne Gegenstände nach stattgehabter Sprengung verstreut sind, ist erhärtet durch einen Wechsel, der einem dieser Häuser am Jungfernstieg entstammte und bei Ahrensburg wiedergefunden worden ist, und durch einen Brief, der sogar bis Neustadt gelangt ist, wo er sich unversehrt und uneröffnet Tags darauf vorfand. — Da nun nachmittags auch das Gerücht umging, daß Giovanoly's Konditorei, an der Stelle des jetzigen Hotel du Nord, neuer Jungfernstieg No. 1 gelegen, ebenfalls gesprengt werden solle, so haben sich auch hier jene Horden Eintritt verschafft und alles demoliert, wobei nicht nur Bilder und Möbel durchschnitten, sondern sogar die Öfen aus den Fenstern geworfen sind. Sobald die Bande nun merkte, daß sie gar nicht durch Pulver und Dampf vertrieben würden, da fielen sie über den Portwein her, und es gab auch hier eines jener Bacchanale, wie sie oben bereits erwähnt sind. In diesem Falle kamen die Teilnehmer aber glücklich davon und haben sogar noch 8000 Mark baares Geld geraubt, das sie später ganz unverfroren auf dem Gänsemarkt unter sich zu verteilen versuchen wollten.

Während dieser Vorgänge hatte man an der südlichen Seite gleichfalls — leider aber mit geringerem Erfolge — eine Bresche zu legen beabsichtigt, indem eine Sprengung zwischen der Bäcker- und großen Johannisstraße unternommen war. Die Flammen sprangen aber hinüber über diese künstliche Lücke und näherten sich unaufhaltsam einem weiteren unserer altehrwürdigen öffentlichen Gebäude, dem Eimbeck'schen Hause. In diesem Hause befanden sich, außer dem Ratsweinkeller, einigen Festräumen und dem Ziehungssaal für die Stadtlotterie, das Handelsgericht und das Niedergericht, die Buchhaltereien für Firmenwesen und für Fallitwesen, das Erbschaftsamt, die Zoll- und Accisεverwaltung, die Bürgerwehr-Bewaffnungskommission, und auf den Böden die Montierungsmagazine der Garnison. Es läßt sich ermessen, eine wie ungemein weitläufige und wichtige Arbeit auch hier in Eile zu leisten gewesen war, denn es ist gelungen, alles unersetzliche Material durchaus in Sicherheit zu bringen. Speziell fällt hierbei ein Verdienst den Blankeneser Hilfskräften zu, die z. T. mit Fuhrwerken gekommen waren, und den Leuten des Schwarzenbecker Amtmanns Seestern-Pauli, welche 200 Wagen mitbrachten, und die in uneigennützigster Weise Allen halfen, wogegen hiesige Fuhrleute sich vielfach Preise von 30 bis 100 Mark für einen Wagen zahlen ließen.

Als das Feuer den Dornbusch erreicht hatte, traf es aber auf unvermutet hartnäckigen Widerstand. Nie hätte der Brand solche Dimensionen annehmen können, wenn alle Straßen in ähnlicher Weise verteidigt worden wären. Es gelang auch zum Glück, die Flammen hier einzudämmen und die große Reichenstraße mit ihren Millionen einschließenden Warenlagern, und damit nochmals das St. Katharinenkirchspiel und dessen Kirche, zu retten. Andererseits aber konnten, trotz aller Gegenwehr, die vor dem Winde belegenen Häuser nicht gedeckt werden, und näher und näher drang das Feuer nach der St. Petrikirche. Wieder schritt man deshalb zu dem Gewaltmittel der Sprengung und versuchte eine ganze Folge von Häusern von der Pelzerstraße bis zur Bergstraße niederzulegen, aber es war alles vergebens; nur verzögert wurde der Fortgang des Feuers, ein Aufhalten schien unmöglich. Um 9 Uhr abends zeigte sich das erste Glühen in einer Giebelecke des Helmansatzes und obgleich schon im Lauf des ganzen Tages alle denkbaren Löschvorkehrungen getroffen und beide Repsolds, sowie der Wasserbaudirektor Hübbe persönlich mit vielen hilfsbereiten Menschen[1]) auf den Turm gestiegen waren, so ließen sich doch gerade diese ersten Brandstellen weder von außen noch von innen zugängig machen und abermals stand man unfähig der elementaren Kraft gegenüber. Mannhaft wurde der Turm während der ganzen Nacht verteidigt, aber als der Tag graute, konnten sich nur noch wenige über den Erfolg täuschen und Erschöpfung zwang die letzten ihren gefährlichen Posten zu verlassen. Am Sonnabend Morgen gegen 10 Uhr

Brach in sich selber dumpf der Turm zusammen
Und gruftwärts eilend, barg er, schmuckberaubt
Tief in den Boden sein gesunknes Haupt![2])

Er fiel nach dem Berg zu, wo später auch der Turmknopf bemerkenswerter Weise unbeschädigt noch vorgefunden wurde; der Türmer von St. Michaelis

[1]) Vor Allem sind hier zu nennen: Gerds, Haeselich, Milberg, Porth, Repsold, Speckter u. a.

[2]) Siehe das treffliche Gedicht in den Hamburger Nachrichten vom 23. Mai 1842.

Nach einer Lithographie von Otto Speckter.

Der Brand der St. Petrikirche von der Schmiedestraße aus gesehen
am 7. Mai 1842, 9 Uhr Vm.

aber ließ von neuem die Feuerglocke über die Stadt erschallen, um ihm das letzte Grabgeläute zu geben, nachdem seine eigenen Glocken noch kurz vorher den Choral „Allein Gott in der Höh sei Ehr" gespielt hatten.

Aus der Kirche ist manches zu retten versucht, wobei Pastor Helms aus Wilhelmsburg das Verdienst einer wackern und ausdauernden Leitung der Arbeiten zuzuerkennen ist, und manches Stück haben wir heute die Freude, aus der ehemaligen Kirche in dem neuen Gotteshause wiedervorzufinden. Außer dem Kanzeldeckel, mehreren Bildern u. a. sei hier hauptsächlich auf den bronzenen Turmthürgriff hingewiesen, in welchem uns das Gründungsjahr des Turmes 1342 aufbewahrt worden ist, und welcher demnach wohl genau 500 Jahre lang seinem Zweck gedient haben wird.[1]) Um die weitere Rettung von Kunstwerken machte sich u. a. auch die artistische Sektion des Vereins für Hamburgische Geschichte verdient, deren Mitglieder Andersen, de Chateauneuf, Fersenfeldt, Martin Gensler und Speckter sich von der Behörde hatten autorisieren lassen, Alles, was möglich war, in Sicherheit zu bringen, und ihnen verdanken wir speziell diejenigen Sachen, welche jetzt das Museum für hamburgische Altertümer füllen.[2])

Mehr als 100 Arbeiter sind während dieser Episode des Brandes damit beschäftigt gewesen, das Ziegelpflaster im Keller des Johanneums aufzureißen und die Fenster der Stadtbibliothek mit den Steinen desselben zuzusetzen, während zugleich auch im Innern und auf den Dächern alle denkbaren Maßregeln zur Sicherung des Gebäudes getroffen wurden. Dieser ausdauernden Gegenwehr ist es glücklich gelungen, die Schulgebäude und die Bibliothek mit ihren unersetzlichen Bücherschätzen vor dem Untergange zu bewahren. Wie nahe aber auch hier die Gefahr drohte, beweist wohl der Umstand, daß das Metall der Dachrinnen auf langen Strecken angeschmolzen und herabgeträuft war.[3]) Die strahlende Hitze soll überhaupt an diesem Tage am furchtbarsten gewesen sein. Friedrich Saß[4]), der, wie er sagt, das Glück hatte, „da, wo die Elbe sich hochzeitlich schmückt, um mit dem Meer ihre heilige Brautnacht zu begehen", als Augenzeuge „seine Feder in die Gluten jener Feuerbrände tauchen" zu können, erzählt uns sogar,

---

[1]) Auch Teile der ehem. Kanzel der Kirche aus d. J. 1598 sind erhalten, wurden aber erst 1891 durch Direktor Dr. Brinckmann wieder aus ihrem Versteck zu Tage gefördert und befinden sich jetzt im Museum für Kunst und Gewerbe.

[2]) Siehe das Verzeichnis der geretteten Sachen in Neue Hamburgische Blätter 1842. Seite 402 und ff. sowie auch Martin Gensler's Bericht: „Beitrag zur Hamb. Kunstgeschichte", welcher in Dr. Schleiden's Geschichte des Brandes abgedruckt ist.

[3]) Die Schulen konnten indessen schon am 17. Mai wieder eröffnet werden.

[4]) Friedrich Saß aus Lübeck, seines Zeichens Mediziner und Journalist, Geschichte des Hamburger Brandes, Leipzig 1842.

die Vögel seien überall aus der Luft gebraten herniedergefallen, während den Spritzenleuten die Kleider wie Zunder vom Leibe blätterten; er erzählt freilich auch, aus den Fensterhöhlen der St. Petrikirche hätten die alten Pastorenbilder geschaut, und jede Stunde habe Leichen und Todesröcheln „erblickt"!

Indem wir nun das Feuer auf seinem weiteren Verheerungswege begleiten, sind wieder zunächst einige öffentliche Gebäude zu nennen. Als größtes, 2 weite Höfe umschließend, lag zwischen den jetzigen Häusern Hermannstraße Nr. 2 bis 14, dem Alsterthor und dem Alsterdamm, das Zuchthaus und Werk- und Armenhaus, welches zugleich das Kurhaus, die Entbindungsanstalt, und die 1818 gegründete Anatomie enthielt. Schon als am Freitag das Feuer sich dem Jungfernstieg näherte, erschien dieses engbewohnte Haus so bedroht, daß man jedenfalls auf seine Räumung Bedacht nehmen mußte. Mit vielen Schwierigkeiten ist es aber verknüpft gewesen, die mannigfachen aus zusammen etwa 1000 Personen bestehenden Insassen: teils Sträflinge beiderlei Geschlechts, teils Kinder und teils alte und kranke Männer und Frauen, in Sicherheit zu bringen. Die letzteren, die z. T. gar nicht gehen konnten, wurden zu Schiffe, die übrigen zu Fuß nach der St. Georger-Kirche geführt. Zwei Frauen mußten unterwegs auf freiem Felde entbunden werden, zwei andere erlagen den unverhofften Anstrengungen. Erst am folgenden Tage konnte diese große Zahl in der Kirche eng zusammengepferchter Menschen durch Verteilung an sonstige Orte besser untergebracht werden.

Vom Jungfernstieg her war das Feuer indessen vorgedrungen und hatte im Lauf des Freitag Abend (den 6. Mai) noch die Oberdamm Wassermühlen und die alte Wasserkunst total niedergebrannt, sodaß das Alsterwasser sich nun durch die freigewordenen Mühlengerinne hinabstürzte und mit lautem Brausen den tausendfachen Notschrei der flüchtigen Einwohner übertönte. Um 9 Uhr erreichten die Flammen die Ecke der Zuchthausstraße, und während man nach langen Beratschlagungen zwischen 11 und 12 Uhr mit Lebensgefahr endlich Pulver in das Werk- und Zuchthaus gebracht hatte, stand die ganze Wasserseite plötzlich schon in Flammen. Sogleich wurde auch das vor dem Alstersteg belegene Garnhaus der Amtsfischer ergriffen und hiermit den Löschmannschaften für ihre Wasserkopen der Zugang zur Alster abgeschnitten. Nur mit äußerster Vorsicht gelang es glücklich, den Pulverwagen wieder zurückzuziehen, um das kostbare Material für fernere Zwecke zu sparen. Aber schnell verbreitete sich das Feuer hier dann mehr und mehr, sodaß ihm bald auch der gegenüberbelegene Marstall zum Opfer gefallen ist.

Triumphierte hier abermals die Gewalt der entfesselten Naturkräfte über alles, was Menschenkraft ihnen vorbeugend in den Weg legen wollte, so gelang es auch andererseits trotz der großen Gärten hinter der Paulstraße, nicht, das Feuer vom Pferdemarkt abzuhalten, und man durfte vielmehr schon am Sonnabend gegen Mittag nur noch hoffen, den Brand jenseits vom Alsterthor und Pferdemarkt abzuschneiden. Hier lag zunächst auf dem Häuserblock zwischen der jetzigen Ferdinandstraße und den Raboisen das für Einzelhaft bestimmte Spinnhaus, und draußen nahe dem Wall an Stelle des jetzigen Gefängnisses das 1830 neu und massiv erbaute Detensionshaus. Um das Spinnhaus zu räumen, hatte Bürgermeister Schlüter im Einverständnis mit den Vorstehern Guido Wolff, Heerlein und Roosen Runge bestimmt, daß die Insassen des Detensionshauses teils nach gehöriger Vermahnung freigelassen, und teils im Winserbaum und in der Großneumarkt-Wache untergebracht würden. Hierauf haben die 73 schweren Verbrecher aus dem Spinnhause schon Freitag mittags zwischen 12 und 1 Uhr das von jenen geräumte Haus bezogen.

Unvermuteter Weise war aber auch Smiths Wasserkunst, abgesehen nur von dem Wohnhaus des Besitzers, in Flammen aufgegangen, der Brand wälzte sich den Holzdamm, die jetzige Ferdinandstraße, hinauf, und das Sprengen einer langen Reihe Häuser durch die Straßen vom Pferdemarkt bis nach der Alster hatte leider keineswegs den gehofften Erfolg. Vielmehr trieb der herrschende sehr lebhafte Südwestwind die Flammen immer schneller vor sich her, sodaß, zum Teil auch infolge der vielen auf dem Pferdemarkt angehäuften Mobilien 2c. schon am Sonnabend mittags auch das jenseit belegene Stadtviertel vom Feuer erreicht war. Ein nochmaliger Transport der Spinnhausgefangenen mußte daher vorgesehen werden, und die Behörden ordneten deren Überführung nach dem heiligen Geistfelde an, von wo sie später auf ein Schiff im Hafen gebracht sind. Unheimlich soll der Anblick dieses Zuges gewesen sein. Die Verbrecher waren mit Kugeln und Blöcken an den Füßen beschwert und schlarrten auf Holzpantoffeln unter schwerer militärischer Bedeckung bleich und teilnahmlos dahin.

Wieder nahte hiernach der Abend und die Nacht, und es blieb nur noch die eine Hoffnung, daß die Stadtwälle dem Feuer eine natürliche Grenze setzen möchten. Zum Glück nahm der Wind um Mitternacht auch eine südwestliche Richtung an, sodaß es in der Lilienstraße gelang, den schon auf die rechte Häuserreihe hinübergetretenen Brand so zu bekämpfen, daß die eng bebauten Hinterhöfe der Spitalerstraße erhalten blieben. Unrettbar aber fiel ihm noch die dritte Kirche, die reizvolle, 1391 erbaute St. Gertruden-Kapelle, und andererseits auch das Detensionshaus zum Opfer. Alle Mittel aber wurden in Bewegung gesetzt, um den Übertritt des Feuers nach St. Georg zu verhüten. Die Häuser der Kirchenallee und der St. Georger-Turm sind im Lauf der Nacht vom

Sonnabend auf Sonntag, wo sie unaufhörlich mit dichtem Funkenregen überschüttet wurden, auf das Äußerste verteidigt. Überall waren Wachen, alle brennbaren Teile wurden dauernd naß erhalten, und die aufzüngelnden Flammen wo sie sich zeigten sogleich wieder verlöscht.[1]) So gelang es, unter Gottes gnädigem Schutz, dem Feuer Einhalt zu thun. Am Sonntag Morgen war die Gefahr vorüber, und eine Reihe von Omnibussen, welche der Senat schon für den Fall bereit gehalten hatte, daß etwa die 1650 Insassen des Krankenhauses nach Eppendorf geflüchtet werden mußten, brauchte nicht für diesen traurigen Zweck verwendet zu werden.

Über unermeßliche Ruinen hinweg aber ertönten die Sonntagsglocken, die die Bürger zur Kirche riefen, und heiße Dankgebete stiegen zum Himmel empor für die Rettung von Leib und Leben und für die Bewahrung der Stadt vor gänzlichem Untergange. Nachmittags aber spannte sich ein herrlicher Regenbogen über die Stadt, der wie zum Zeichen des wiederhergestellten Friedens den zerstörten und den erhalten gebliebenen Stadtteil wieder zu einem ganzen zusammen zu fassen schien.

[1]) Siehe hierüber und über manche sonstige Einzelheiten des Brandes u. a. auch die lebensfrische Schilderung in Roland und Elisabeth von Elise Averdiek.

2. Die Tage nach dem Brande.

Entsetzlich war die Verwirrung, die in der Stadt während des Brandes entstand, und kaum vermögen wir uns eine Vorstellung davon zu machen, was es heißt, wenn 60 bis 70 000 Menschen[1]) in wenigen Stunden vor dem rasenden Umsichgreifen des Feuers flüchten und mit sich fortnehmen, was sie nur irgend von ihrer Habe tragen oder fortschaffen können. Den besten Einblick in diese Zustände gewähren die Senatserlasse, die während und gleich nach dem Brande erschienen sind und in denen der Rat in väterlich herzlichem Ton zu den Bürgern spricht. — Sobald am Sonntag Morgen, den 8. Mai, das Feuer dem Erlöschen nahe war, begann auch die Wiederherstellung der Ordnung. In Wirklichkeit waren 20000 Menschen obdachlos geworden. Die große Zahl derer, die anfangs aus Furcht und Schrecken ihre Wohnungen verlassen hatten, kehrte heim und die meisten fanden zum Glück auch ihre Habe noch unberührt wieder vor. Um die Bewachung der ausgedehnten Brandstätte nebst deren zahlreichen Zugangsstraßen durchführen zu können, hatte der Senat schon am Sonnabend, den 7. Mai, das Institut der Bürgerpolizei ins Leben gerufen, zu der sich sogleich die besten Kräfte drängten und die bis Mittwoch, den 11. Mai, bestanden hat. Wenn schon aber außerdem sogleich die ganze eigene Militärmacht, nebst der Infanterie und Artillerie aus Cuxhaven aufgeboten war, so wäre gegenüber solch weitgehender Auflösung aller Grundlagen des bürgerlichen Lebens dennoch keine Sicherheit vor Ausschreitungen vorhanden gewesen, wenn nicht auch noch die Nachbarstaaten uns namhafte Abteilungen bewaffneter Macht zur Verfügung gestellt hätten.

So ist die Stader Artillerie bereits genannt, die mit einem Kavalleriedetachement von dort eintraf. Von Lübeck kamen die Dragoner, von Magdeburg ein Infanteriebataillon und von Potsdam eine Abteilung von 70 Mann Pionieren, die sich bei den Aufräumungsarbeiten hohe Verdienste erworben haben. Ebenso sind besonders die 265 Mann Bremischer Infanterie[2]) hervorzuheben,

---

[1]) Die Gesamtzahl der Einwohner von Hamburg nebst den beiden Vorstädten belief sich 1842 auf ca. 160000. Vergleiche hierüber: Neddermeyer, Statistik, Hamburg 1847, Seite 265. Neue Hamburgische Blätter 1844, Seite 112. Zeitschrift d. V. f. Hbg. Gesch. Bd. 1, Seite 146.

[2]) Rührend wird der Ausmarsch der Bremer aus ihren Stadtthoren beschrieben. Frauen und Kinder weinten, jeder glaubte, es gälte Leben und Tod.

die unter Major Reuter seit dem 9. Mai auf der Brandstätte selbst zwischen den von der Sonne durchglühten Trümmern die Wache übernommen haben und die bis zum 14. Juni in Hamburg geblieben sind. Während dieser ganzen Zeit haben die Wachen auf den Stadtwällen Bremens von der dortigen Bürgerschaft persönlich bestellt werden müssen. Dennoch ist später auch abseiten Bremens jede Entschädigung für diesen Dienst abgelehnt, und die Bremer Bürgerschaft bewilligte Ende Juni für die Wiederherstellung der Montierung des Korps 13500 Mark. Auch Christian VIII. von Dänemark wollte unserer Stadt zur Hilfe eilen und setzte von Flensburg aus 800 Mann Infanterie und Artillerie mit mehreren Kanonen in Bewegung. Da Hamburg aber bereits hinreichend gedeckt und die Verpflegung des Militärs in jenen Tagen begreiflicherweise sehr schwierig zu beschaffen war, so freute es den Senat, diesen Truppen durch den Kommandeur in Altona noch rechtzeitig eine Rückzugsordre entgegen senden zu können.

Auch über die Hilfe, welche die von auswärts eingetroffenen Spritzen unserer Stadt gebracht haben, wird hier das Wort des Dankes nicht fehlen dürfen. Die Schwesterstadt Lübeck sandte ihre ganze Feuerwehr, Altona 4 Land- und 3 Schiffsspritzen, Lüneburg, Lauenburg, Kiel und Stade je 2 Spritzen und Altenwärder, Bergedorf, Blankenese, Estebrügge, Harburg, Moorburg, Wandsbeck, Wedel und Wohldorf je 1 Spritze. Das hiermit zu unserer Verfügung gestellte Löschmaterial war aber in vielen Fällen fast weniger wichtig, als die zugleich eingetroffenen frischen Mannschaften, für deren rechtzeitige Auswechselung die meisten Orte mit bester Umsicht Vorsorge getroffen haben.[1])

Die Versorgung unserer Mitbürger selbst konnte in den ersten Tagen nur auf das allernotwendigste beschränkt sein. Wer Bekannte und Verwandte besaß, war zu diesen geflüchtet, viele wurden auch bei Fremden bereitwillig aufgenommen. Zahlreiche Unglückliche aber, die alles verloren hatten, mußten auf freiem Felde bleiben; andererseits sind auf Sievekings Grundstück in Hamm z. B. allein 192 Familien während über eine Woche verpflegt. Für alle war es ein unschätzbarer Segen, daß Gottes milde Frühlingssonne der Erde freundlich Wärme spendete. Gras und Blumen waren bereits in herrlichem Aufblühen begriffen, und wenn die Nacht über die Lagerstätte der Unglücklichen herabsank, so begleitete der liebliche Ruf der Nachtigallen sie hinüber in das Reich der Träume.

Das wichtigste Moment der Hilfeleistung gleich nach dem Brande aber war die schnelle Beschaffung von Lebensmitteln; 26 Bäcker, der vierte Teil von

1) Die Ernährung und Verpflegung all dieser von Auswärts zur Verfügung gestellten Militär- und Spritzenmannschaften hat unserer Stadt 120000 Mk. gekostet. (Siehe die Abrechnung.)

allen, welche die Stadt besaß, und 94 Gast- und Speisewirtschaften[1]), darunter allein 14 der größeren Hotels, waren dem Feuer zum Opfer gefallen. Den ersten Wiederhall fand in dieser Beziehung der Aufruf des Grafen Blücher in Altona, und diese Stadt selbst ließ zwei Wochen lang in Hamburg täglich 1000 Portionen warme Suppe verteilen. Auch der Generalkonsul Wm. O'Swald machte sich sehr verdient, indem er während des Brandes alle 6 Stunden eine Staffette nach Berlin ausrüstete, sodaß sich dort die Nachricht von dem gewaltigen Umfang des Feuers sehr schnell verbreitete, und König Friedrich Wilhelm IV. stiftete unendlichen Segen durch die sogleich veranstaltete Übersendung von 20000 Bröten und 2000 wollenen Decken. Viele weitere Unterstützungen gingen in den nächsten Tagen ein, sowohl aus Altona und den Orten unserer näheren Umgebung, wie speziell auch von hier und aus Berlin, wo die Staatsminister von Rochow und Rother mittels Zettelanschlags in der ganzen Stadt einen Aufruf verbreitet hatten.

Ein Gang durch die Ruinen bot in jenen ersten Tagen nach dem Brande das höchste Interesse. Malerisch sah man die einzelnen Reste der größtenteils eingestürzten Häuser hoch in die Luft ragen. Zwischen den gänzlich zusammengesunkenen Trümmern hindurch boten sich die überraschendsten Durchblicke, und legten zu tage, wie bedeutende Umwege die alten gewundenen Straßen vielfach erfordert hatten. Unter den Malern jener Zeit, die uns in zahlreichen Bildern den Anblick der Trümmerstätte bewahrt haben, seien besonders Suhr und Speckter hervorgehoben.[2]) Im Übrigen konnte nur einer kleinen Zahl Auserwählter das Betreten der Brandstätte überhaupt gestattet werden, denn nicht nur der Eigentumsrechte wegen, sondern vielmehr wegen der großen Gefahr des Einstürzens der Trümmer war aller Verkehr im abgebrannten Stadtteil vorläufig gänzlich aufgehoben. Infolgedessen war natürlich auch der Omnibusbetrieb, der damals nach Altona schon auf zwei Linien bestand, für einige Zeit völlig unterbrochen.[3]) Nachdem dann die gefahrdrohenden Mauern niedergelegt

---

[1]) Man zählte damals in Hamburg im ganzen 504 Wirtschaften. Siehe Neddermeyer, Statistik, Hbg. 1847, Seite 289.

[2]) Siehe das Verzeichnis aller auf den Brand bezgl. Abbildungen und Pläne von W. Nathansen, Ztschrft. d. V. f. Hbg. Gesch. Bd. 8. — Außerdem machte ein Photograph 46 Daguerrotypbilder der Brandstätte, die derselbe im Herbst 1842 dem V. f. Hbg. Gesch. für 680 Mk. anstellte; außer dem hohen Preise schreckte aber die geringe Haltbarkeit der Bilder, die gerade in Hamburg sehr leicht schwarz wurden, vom Kauf zurück. Statt in der mangelhaften Ausführung suchte man den Grund hierfür in der schwefelwasserstoffhaltigen Ausdünstung unserer Flethe. (Siehe Hbg. Correspondent vom 9. Jan. 1843.)

[3]) Für gewöhnlich fuhren die Wagen viertelstündlich. Der Fahrpreis betrug 4 Schl., nach Thorschluß entsprechend mehr. Im ganzen durften nur 6 bis 8 Wagen in Betrieb gestellt

und die Aufräumungsarbeiten einigermaßen vorgeschritten waren, gab die Polizeibehörde für die Grundbesitzer, Bewohner, Arbeiter ꝛc. Erlaubniskarten von indes nur personeller Gültigkeit zum Betreten der Brandstelle heraus. Die Eigentümer durften, nachdem vorgängig auch von der Feuerkasse, bezw. den betreffenden Versicherungs-Gesellschaften die entsprechende Erlaubnis erteilt war, die nachgebliebenen Reste ihrer Besitztümer bergen. In den zusammengestürzten Speichern konnte hieran indeß erst viel später, im Lauf des Sommers und Herbstes, gedacht werden, und hier hat sich vielfach gezeigt, wie trotz allen stattgehabten Nachlöschens, wozu im Lauf des ganzen Monat Mai durchschnittlich 27 und im Lauf des Juni noch durchschnittlich 8 Spritzen verwendet wurden, dennoch das Feuer in den Waren-Vorräten fortgeglimmt hat, sodaß selbst im Oktober noch, als andererseits schon wieder 100 Häuser im Bau begriffen waren, da wo an einzelnen Stellen plötzlich der Luft Zutritt gewährt wurde, den Arbeitern helle Flammen entgegengeschlagen sind.

Die Kosten der Aufräumung sind sehr beträchtlich gewesen, und erreichten für die Straßen und Grundstücke die Summe von 464400 Mark, die aber von den Eigentümern übernommen werden mußten. Besondere Mühe erwuchs ferner noch aus der Wiederherstellung der Flethe, die zur baldigen Ermöglichung der Wasserkommunikation von der letzten Woche des Monats Mai an auf das Eifrigste betrieben wurde. Das Fortschaffen des Schuttes aus denselben war aber z. T. sehr schwierig und hat, da sich diese Wasserläufe oft bis weit über das Niveau der Straßenhöhe hinaus voll Schutt und Trümmern gehäuft vorfanden, noch weitere 127200 Mark erfordert. Der Schutt hat, außer für Ausfüllung des Mühlenkolks der kleinen Alster, eines Teils des Alsterdamms und einigen sonstigen Zuschüttungen und Erhöhungen, besonders zur Ausfüllung der Warwischer Bucht in Kirchwärder Verwendung gefunden.

Schnell hatte sich inzwischen die Nachricht von dem Unglück Hamburgs über die weiteren Gauen Deutschlands und der Nachbarstaaten ausgebreitet. Die ersten gerüchtweisen Andeutungen haben unerhörtes Aufsehen hervorgebracht, und als die Hamburger Zeitungen vom 7. Mai ganz ausblieben, da glaubte man allgemein, die Stadt müsse einfach vom Erdboden verschwunden sein. Noch längere Zeit fanden in allen mittleren Städten und Orten bei Annäherung der Diligenzewagen vor den Posthäusern förmliche Menschenaufläufe

werden. — Außerdem bestanden schon Omnibuslinien nach Horn und Wandsbeck. Beide fuhren siebenmal täglich, und letztere hatten sogar eine Teilstrecke, indem für die Fahrt vom Lübecker Thor bis zum Steinthor nur 1 Schl. erhoben wurde. Endlich bestand noch eine Omnibuslinie nach Barmbeck, deren Wagen aber nur dreimal bezw. Sonn- und Festtags viermal fuhren.

statt, welche die neuesten Nachrichten zu erfahren trachteten. War hierdurch die Teilnahme schon geweckt, so wurde sie weiter genährt durch die von den Regierungen erlassenen Aufrufe und durch den allmählich sich steigernden Eifer, in welchem alle deutschen Stämme sich plötzlich einig fühlten, um gemeinsam der reichsten Handelsstadt des Landes Hand und Hülfe zu reichen.

Es ist unmöglich an dieser Stelle aller derer zu gedenken, die damals das Ihrige für das abgebrannte Hamburg dargebracht haben. Nur einige Gaben seien im Speziellen erwähnt. Die Stadt Frankfurt a. M. bewilligte 120000 Mark außer der noch bedeutenderen Summe, die unter den Bürgern gesammelt wurde; die hannöverschen Ständekammern bewilligten 300000 Mark, die Stadt Berlin 30000 Mark; der König von Preußen verordnete eine die ganze Monarchie umfassende Kirchenkollekte. Ein Konzert von Abbé Lißt in St. Petersburg ergab einen Überschuß von 36000 Mark, die deutschen Künstler in Rom sandten 3280 Mark. Als man in Köln erfuhr, Hamburg habe sein Rathaus niederschießen lassen, um seine Existenz zu retten, konstituierte sich der Dombauverein sogleich als Hülfsverein für unsere Stadt und brachte innerhalb einer Viertelstunde unter seinen Mitgliedern 16000 Mark auf außer 48000 Mark, welche am nächsten Tage von den Mitgliedern in der übrigen Stadt gesammelt wurden. In Karlsruhe sprach man es ferner geradezu aus, daß der Wiederaufbau Hamburgs eine Nationalsache sei, und das erste Recht an die Mitwirkung aller Kräfte habe. Der Kölner Dom werde danach nicht minder zur Vollendung kommen, denn Deutschland müsse imstande sein, beiden Unternehmungen gerecht zu werden. So spornte die Begeisterung immer weitere Kreise an: die Studenten von Göttingen sandten 400 Mark und die kleinsten Städte und Dörfer folgten mit Beiträgen je nach ihren Kräften. In Karlsruhe und in Leipzig z. B. bildeten sich auch Gesinde-Vereine zur Unterstützung der hier um ihre Habe gekommenen Dienstmädchen, und in Celle verfügten sogar die Insassen des Zuchthauses über ihre ersparten Arbeitserträge und sandten 81 Mark zum Wiederaufbau der Stadt Hamburg.

Im einzelnen sei hier ferner der hauptsächlichen persönlichen Gaben der regierenden Fürsten[1]) gedacht. Es gaben u. a.

Ferdinand I., Kaiser von Österreich	M.	84000 —
Friedrich Wilhelm IV., König von Preußen	„	84000 —
Ludwig I., König von Bayern	„	24000 —

[1]) Die fürstlichen Handschreiben sind z. T. abgedruckt in Herbert, Geschichte des großen Brandes, Altona 1842.

Friedrich August II., König von Sachsen	M.	26400 —
Ernst August, König von Hannover	„	15000 —
Wilhelm I., König von Würtemberg	„	18000 —
Leopold, Großherzog von Baden	„	16100 —
Friedrich Franz, Großherzog von Mecklenburg	„	45000 —
Wilhelm, Herzog von Braunschweig	„	15000 —
Christian VIII., König von Dänemark	„	150000 —
Louis Philipp I., König von Frankreich	„	15600 —
Nikolaus I., Kaiser von Rußland	„	151800 —
Karl XIV., König von Schweden und Norwegen	„	15000 —

Viktoria, Königin von Großbritannien eine ungenannte Summe.

Die Länder, Völker und Städte aber zeigten bis an die fernsten Gegenden, auf welche sich der hamburgische Handel erstreckt, überall dieselbe unvergleichliche Teilnahme für unser Unglück; bis Ende August bezifferten sich die eingegangenen Hilfsgelder schon auf 6,15 Mill. Mk. und während der folgenden 4 Monate sind noch je über 100 000 Mk. hinzugeflossen. Aber noch weit in das Jahr 1843 hinein liefen aus den überseeischen Gegenden fernere Beträge ein, so daß sich endlich eine Gesamtsumme von über 6,9 Mill. Mk. ergeben hat.

Die Verteilung dieser Summe auf die hauptsächlichen Staaten mag folgender Abrechnung entnommen werden:

Für die Unterstützung der Abgebrannten gingen ein:

Aus Österreich	M. 368600 —		
„ Preußen	„ 1135600 —		
„ den übrigen deutschen Staaten	„ 2657900 —		
„ Deutschland			M. 4162100 —
„ Dänemark			„ 204300 —
„ Frankreich			„ 332800 —
„ England			„ 881500 —
„ Holland			„ 314900 —
„ Rußland			„ 465700 —
„ den sonstigen europäischen Staaten			„ 252300 —
„ Europa insgesamt			M. 6613600 —
„ den Vereinigten Staaten	M. 52900 —		
„ Mexiko	„ 50800 —		
„ Cuba	„ 46200 —		
„ Brasilien	„ 65700 —		
Übertrag:	M. 215600 —		M. 6613600 —

Übertrag:	M. 215600 —	M. 6613600 —
Aus den sonstigen Staaten	„ 64200 —	
„ Amerika insgesamt		M. 279800 —
„ Asien insgesamt		„ 21300 —
„ Afrika insgesamt		„ 14400 —
	Total:	M. 6929100 —

Außerdem sind an speziell für den Wiederaufbau der Kirchen bestimmten Geldern gespendet 341100 M. und speziell als für die Ämter der Gewerke bestimmt zusammengebracht 37400 M.

Für die zweckentsprechende Verteilung der Gaben bildete sich schon noch während des Brandes am Morgen des 6. Mai in dem Abendrothschen Hause am neuen Jungfernstieg 16 unter Teilnahme von Dr. Abendroth, Dr. Des Arts, Gottlieb Jenisch u. A. der Hülfsverein, der in der Folge nicht nur während der nächsten Monate, sondern während einer weit über das ganze nächste Jahr hinausgehenden Zeitperiode eine ungemein umfassende und segensreiche Thätigkeit entwickelte, dessen wir aber nicht gedenken dürfen, ohne auch Amalie Sieveking zu nennen. Ihr großes Verdienst war es, die Gaben überall persönlich zu verteilen und dafür zu sorgen, daß die Not auch gewiß wirklich gelindert würde. Dem Hülfsverein schlossen sich andere an, z. B. vor allem der ärztliche Hülfsverein, der sich die Bedienung der Kranken zur Pflicht machte, und durch dessen Vermittelung die 7 abgebrannten Apotheken von Lübeck aus mit dem notwendigsten Material wieder ausgerüstet wurden. — Diese Organisation konnte aber nicht mehr genügen, als bald von den opferwilligen Nachbarländern größere Summen eingingen und das Geschäft der richtigen Verwendung ein zunehmend verwickelteres wurde. Der Rat beschloß daher, neben dem Hülfsverein noch die öffentliche Unterstützungs-Behörde zu gründen. Für diese wurden 3 Mitglieder des Senats: Dr. Dammert, Dr. Alardus und Büsch und aus dem Hülfsverein zunächst Pastor Plath und Dr. Abendroth abgeordnet. Die Behörde konstituierte sich am 11. Juli, ernannte Dr. Merck zu ihrem Sekretair und hat bis zum Schluß des Jahres nahezu täglich Sitzungen abgehalten. Wie beträchtlich die Summen waren, über welche sie verfügen konnte, ist oben bereits gesagt. Um eine Grundlage für die Verteilung dieser Gelder zu geben, war bestimmt, daß zu allgemeinen oder Staatszwecken nichts davon auszukehren sei. Ferner unterschied man zwei Arten von Gaben. Die einen, meist geringere Beträge, zur Linderung der augenblicklichen Not, und die andern, vorwiegend größere Summen, zur Wiedereinrichtung von Gewerbebetrieben 2c. Diese wurden entweder als zinsfreie Anleihen oder als Geschenk gegeben. Auch im ersteren

Nach einer Zeichnung von Peter Suhr.

Die Notwohnungen auf der Promenade des Jungfernstiegs.

Fall ist auf Bürgschaftleistung oder ähnliche Sicherungsmaßnahmen indes völlig verzichtet, schon weil die Kaufleute oder die Kapitalisten, welche hierfür hätten in Anspruch genommen werden müssen, bereits durch ihre eigene Teilnahme an der Unterstützung der Geschädigten — es sind aus unserer Stadt selbst allein 420000 Mark beigesteuert worden — dem ganzen Umfang ihrer Kräfte nach beteiligt waren.

Ließ es sich durch diese umfassende Hilfe einerseits erreichen, daß Hamburg vierzehn Tage nach der Katastrophe stolz sagen konnte, daß unter den Tausenden, die Hab und Gut verloren hatten, sich nirgend bettelnde oder auch nur solche Personen fanden, deren Antlitz das Schmerzgefühl des Mangels und der Hoffnungslosigkeit verriet, und lag ein unerschöpflicher Trost für alle Betroffenen in dieser Teilnahme des ganzen Landes, so bestand andererseits eine nicht minder wichtige und dringliche Anforderung an den Hilfsverein in der schnellen Beschaffung von Notwohnungen. Nur für die allerersten Tage konnten die Geflüchteten in den zur Verfügung gestellten öffentlichen Gebäuden, der katholischen und den beiden englischen Kirchen, den jüdischen Tempeln, den Klosterhöfen, dem Amalienstift, den Reitbahnen, dem Theermagazin, wo anfänglich 273 Personen lagerten, den Waschhäusern auf den Bleichen u. a. bleiben. Am 7. Mai wurden die Lagerzelte der Garnison vor dem Steinthor und Dammthor aufgeschlagen. Wenige Tage später wies der Senat sodann die Wiese rechts vor dem Dammthor, die Hälfte der Esplanade, den Glockengießerwall und später auch den Jungfernstieg für je eine Budenreihe aus, wogegen auf dem Johannisplatz, den Wiesen vor dem Steinthor und im Hammerbrook ganze Budenstädte errichtet wurden. Auch war ferner noch der Bauhof zum Bau von Notwohnungen freigegeben. Bis Ende Mai konnten 2800 Familien mit Bekleidung und Betten versorgt und für 188 Familien Wohnungen, ferner 46 Arbeitsschauer und 56 Buden erbaut werden.

Für diese Ausführungen standen dem Hilfsverein die Architekten de Chateauneuf und Professor Fersenfeldt zur Seite. Die Häuser wurden teils aus leichtem Fachwerk mit Rücksicht auf eine dreijährige Dauer, zu einem, wenn auch nur sehr kleinen, Teil aber auch massiv unter Voraussetzung einer 25jährigen Dauer erbaut.[1]) Für das Mauerwerk wurden die alten Steine von der Brandstätte verwendet, von denen der Hilfsverein im ganzen 8,5 Mill. Stück zu 13,2 Mk. pro Tausend erworben hat. Bis Ende Juli waren alle oben bezeichneten Plätze

[1]) Es ist gewiß bemerkenswert, daß von diesen Notwohnungen auf dem Grundstück des Amalienstiftes an der Stiftstraße in St. Georg 2 Häuser noch gegenwärtig bestehen. Der Abbruch derselben ist aber nunmehr in Aussicht genommen, nachdem die Verwaltung im vorigen Jahre zunächst an Stelle eines dieser Häuser einen Neubau hat aufführen lassen.

Nach einer Zeichnung von H. Jessen.

Die Budenstadt auf dem Johannisplatz, jetzigen Rathausmarkt in den Jahren 1842 bis 46.

Das Bild zeigt im Vordergrunde die große Johannisstraße. Rechts neben der Börse sieht man die erhalten gebliebenen Häuser der ehem. Schauenburgerstraße. Weiter folgt die Hinterseite der südöstlichen und zwischen der Poststraße und dem Jungfernstieg die Vorderseite der nordwestlichen Häuserreihe des Neuenwalls. Der Altewall ist erst ein bis zwei Jahre später bebaut worden.

mit Häusern besetzt, und die Unterstützungsbehörde hatte bereits 360000 Mk. verbaut. Trotzdem sind damals noch 670 Personen ohne Wohnung mit Feuerstelle gewesen, sodaß sie täglich mit Essen versorgt werden mußten. In der Folge wurde daher auch noch gestattet, an der Alster vor dem Ferdinandsthor weitere 300 Wohnungen zu errichten.

Diese Notwohnungen wurden zu billigen, aber festen Mietpreisen an die Nachsuchenden abgegeben und steuerten immerhin einigermaßen dem anderweit auftretenden Mietewucher. Je nach der Größe schwankte der Preis zwischen 43,2 M. und 180 M. jährlich, Arbeitsschauer wurden für 24 bis 48 M. vermietet. Die großen Läden z. B. an der Esplanade kosteten 216 M., die kleinen 115 M. Große Schilder innerhalb des Trümmerfeldes kündigten an, wo man die betreffenden Leute wiederfinden könne, und es hat ein allgemeines Lächeln erregt, daß mit solcher Tafel ein Haarkünstler am Adolfplatz schon den Anfang gemacht hatte, ehe noch irgend jemand überhaupt an seine Locken denken konnte. So ruhte die Betriebsamkeit nirgend und das Leben in den Notwohnungen, den sogenannten Budenstädten, soll ein vielfach höchst originelles gewesen sein. Sicher giebt es heute eine große Reihe blühender Geschäfte, deren Ursprung sich auf ein Grundkapital zurückführen ließe, das der damalige Besitzer von der Unterstützungsbehörde erhalten hat. Denn, was die Geschäftsbetriebe anbelangt, so wird überall berichtet, daß ein augenscheinlicher Segen darüber gewaltet habe und daß selbst von denjenigen Besitzern, die ihren Handel mit Luxussachen wieder aufzunehmen versucht haben, keine Klagen laut geworden sind. Speziell für letztere hatte sich ein ganz neuer Verkaufsartikel gebildet, aus den sogenannten Brandkuriosa, die in der Folge bei Einheimischen wie Fremden zu sehr gesuchter Ware geworden sind. In diesem Sinne wurden Schmelzstücke von Glockenmetall, zusammengeschmolzene Porzellanteller, Flaschen, Medaillen und Tischglocken aus Glockenmetall, zusammengeschmolzene Uhrwerke, Perlen u. dergl. m. verkauft und diese Sachen waren bald so gesucht, daß sie vielfach täuschend „verbessert" oder überhaupt künstlich hergestellt sein mögen.[1])

Binnen kurzem hatte sich die große Masse in das Außergewöhnliche der Lage gefunden, und wo so viele Leute ohne feste Behausung waren, bot das Leben und Treiben in den Vorstädten ein Bild von hochgesteigerter Mannig-

[1]) Besonders muß hier noch der über 1 Mill. Zündhütchen gedacht werden, welche C. Hageneſt am Burstah, jetzt Nr. 22, auf Lager gehalten hatte, und die ohne Explosion verbrannt und bienenzellenartig fest zusammengeschmolzen sind. — Man sehe ferner die Sammlung der Brandkuriosa im Museum für Hamburgische Altertümer. Endlich befindet sich auch im Lagerkeller von Schulte & Schemmann noch jetzt ein interessant zusammengeschmolzener Eisenblock von ca. 30 Ztn. Gewicht.

faltigkeit. Nie war die Menge der müssigen Gaffer vor den Karoussels, Theatern, Panoramen, Seiltänzer- und Magierbuden grösser gewesen als damals und nie hatten die Steinwege, der Grossneumarkt u. s. w. so sehr von ambulanten Boutiquen, Tischen, Bänken, Karren und Wagen gewimmelt wie in diesem Frühjahr, wo jeder versuchen wollte, sich den ersten täglichen Schilling wieder zu verdienen. Musik ist innerhalb der Stadt einige Zeit verboten gewesen, wurde aber in St. Pauli nicht gestört, und in der weitern Umgegend machten die Orgelmänner sich zu den Trägern der ersten Brandlitteratur, indem sie immer neue Verse sangen zu dem schönen Lied:

Hört, ihr Leute, was geschehen
An der blauen Elbe Strand:
Ach! ein Unglück, wie gesehen
Nie so groß das Vaterland;

Macht jetzt in Europas Zonen,
Lebhaft das Int'resse wach
Ja sogar auf Königsthronen
Denkt man diesem Unglück nach![1])

Besonders aber schwärmte die Menge Pfingsten hinaus in die umliegenden Ortschaften, und es wird berichtet, daß es überall von bunten Menschenmassen gewimmelt habe. Hauptsächlich anziehend wirkte hier selbstverständlich der jetzt durch die Eisenbahn leicht ermöglichte Ausflug nach Bergedorf[2]), wo Charles Maurice, zugleich Direktor unseres Steinstraßentheaters, bezw. des Sommertheaters Tivoli, in dem entzückend gelegenen Restaurant „Frascati"[3]) den Hamburgern einen der angenehmsten Zielpunkte für ihre Ausflüge geschaffen hatte. Im Tivolitheater selbst feierte seit dem 15. Mai ein sinnvolles Volksstück die unter dem Schutz Hammonias glücklich errettete Stadt, und am 18. Mai wurde auch unser Stadttheater mit der Aufführung „Josef in Ägypten", zum Besten der Abgebrannten, wieder eröffnet. In seinem Prolog legte Direktor Mühling dar, daß es eine Pflicht der Selbsterhaltung für das Institut sei, das Unternehmen wieder beginnen zu lassen, und daß er hoffe, daß die Bürger in

---

[1]) In den weitern Gauen Deutschlands erschienen natürlich furchtbare Brandbilder auf den Jahrmärkten, und dort brauchte man auch vor noch banaleren Versen nicht zurückzuscheuen. Speziell ist in Westphalen noch im Sommer 1843 ein langes Lied unermüdlich wiederholt, dessen Schlußvers folgendermaßen lautete:

Und so brannte es vier Tage
In der großen Handelsstadt,
Daß jetzt ist ein Trümmerhaufen,
Was geheißen Hamburg hat.

Drum, ihr Leute nehmt zu Herzen,
Was euch saget dies Gedicht;
Denkt, man solle niemals scherzen,
Mit dem Feuer und dem Licht!

[2]) Siehe die Abbildung der Ankunft des ersten Eisenbahnzuges in Bergedorf, im Bergedorfer Wochenblatt vom 29. Mai 1842.

[3]) Siehe die schöne Publikation dieses von de Chateauneuf erbauten großen Landhauses in Romberg's Zeitschrift für Bauwesen 1841.

ihren wenigen Mußestunden die bescheidene und gemütliche Erholung, die er bieten könnte, liebenswürdig annehmen möchten.[1])

Im ganzen kam es allen Hamburgern ungemein zu statten, daß der Sommer ein außergewöhnlich warmer und trockener war. Im ganzen August hat es überhaupt nicht geregnet; die Flüsse waren niedriger als je und von der Elbe wird berichtet, daß solcher Mangel an Oberwasser eintrat, daß ihr Wasser sogar bei Hamburg zum Trinken zu salzig geworden sein soll.[2]) Andererseits aber sind durch diese Trockenheit eine erschreckende Masse von Bränden[3]) herbeigeführt, von denen hier nur der von Drontheim (300 Häuser), der von Pozeg bei Agram (200 Häuser) und der von Camenz (500 Häuser) erwähnt seien, wobei wir hervorheben können, daß zur Unterstützung der Camenzer in unserer Stadt im September schon wieder 9700 Mk. gesammelt sind. Auch in Hamburg war am 4. Oktober noch ein größeres Feuer und zwar brannte die von der Linden'sche Fabrik am Billwärder neuen Deich, ab, wobei bemerkenswerter Weise leider der ganze Torfvorrat, den der Hilfsverein für den Winter angeschafft hatte, vernichtet wurde. —

Es erübrigt nunmehr, daß wir uns den Umfang des ganzen Schadens klar machen, den unsere Stadt zu tragen hatte. Die amtliche Aufstellung zeigt, daß im ganzen 1100 Wohnhäuser und 102 Warenspeicher niedergebrannt und 217 Erben mehr oder weniger beschädigt waren. Der für diese sämtlichen Privatgebäude bei der Feuerkasse versicherte Schätzungswert beläuft sich auf 48. Mill. Mark. Hierzu kommen für Mobilien und Kunstsachen 43 Mill., für Kaufmannsgüter 42 Mill. und für die nur zum Teil versicherten Staatsgebäude 2 Mill. Mark, sodaß sich im ganzen die Summe von 135 Mill. Mark ergiebt. — Verbrannt sind 33 Menschen, durch sonstige Anläße beim Feuer umgekommen 18 Menschen und mehr oder weniger schwer verletzt außerdem 120 Personen[4]).

---

[1]) Auf ein vollbesetztes Haus konnte naturgemäß für längere Zeit nicht gerechnet werden. Es war infolge dessen mit den Schauspielern das Abkommen getroffen, daß nur die Gehalte von monatlich unter 60 M. voll, alle höheren Gagensätze aber mit der Hälfte ihres Betrages vergütet werden sollten. Durch diese für die von auswärts zu erwartenden Gäste stillschweigende Übereinkunft haben sich natürlich mehrere der letzteren ihres Engagements für entbunden erachtet. Es glückte der Direktion aber doch immer, die Lücken rechtzeitig zu füllen, und noch im Lauf des Monats Mai vermochte die Stimme der berühmten Adele Jazedé die Scheu der Hamburger vor dem Theatervergnügen bis in weite Kreise hinein erfolgreich zu besiegen, so daß man überall sagte, seit Henriette Sonntag und Sophie Löwe sei keine so herrliche Künstlerin hier aufgetreten.

[2]) Siehe Hamb. Korrespondent vom 1. September 1842.

[3]) Siehe hierüber: Das Unglücksjahr 1842, (anonym) Hanau bei Frd. König.

[4]) Die Namen der Beschädigten siehe in Dr. Schleiden, der Hamb. Brand, und in Herbert, Geschichte des Brandes, Altona 1842.

Bezüglich der Versicherungssummen waren durch den großen Brand an Privatgesellschaften betroffen 7 deutsche, 2 englische und 1 französische Feuerversicherungsgesellschaft. 9 derselben mit Beträgen von 240000 M. bis 6, 7 Mill. M. haben ihre Geschäfte schnell und in koulantester Weise abgewickelt[1]), die letzte aber, die hiesige sog. Brand-Versicherungsassociation war mit einem Schaden von 18 Mill. M. betroffen, dem ein Reservefond von nur 300000 M. gegenüberstand, so daß sie gänzlich liquidieren mußte. Leider setzte sich gerade diese Summe aus der großen Zahl von im ganzen 1622 Posten zusammen, sodaß der gesamte kleine Mittelstand auf das schwerste betroffen wurde. Durch besonderen Bürgerschaftsbeschluß[2]) war die Unterstützungsbehörde aber angewiesen worden, den am schwersten betroffenen Mitbürgern nach Umständen reichlich zu helfen, sodaß dieselben, soweit sie sich gemeldet hatten, später im Durchschnitt mit etwa 30% ihrer Versicherungssummen Entschädigung gefunden haben. Eine sonderbare Schicksalsfügung war es, gerade den Umständen dieser Gesellschaft gegenüber, daß zu den wenigen Häusern, welche wunderbarer Weise inmitten der Brandstelle erhalten geblieben sind, speziell auch dasjenige gehört hat, welches ihre Geschäftsräume enthielt, und daß dieselben auf solche Art in dem Hause des Banquiers Behrens in der Bergstraße No. 16 noch heute erhalten sind. — In Bezug auf die schwierigen Eigentumsfragen, die bei der Abwickelung der Folgen des Brandes ins Spiel kommen mußten, darf nicht verabsäumt werden der Übereinkunft zu gedenken, wonach die sämtlichen hiesigen Rechtsanwälte sich das Wort gegeben hatten, keinerlei auf den Brand bezügliche Klagesache führen zu wollen, sodaß damals sozusagen Alles ohne Hülfe der Gerichte geordnet worden ist.

Hat sich sonach die nur dem Augenblick lebende breite Masse des Volkes schnell in das Unvermeidliche ihrer neuen Lage zu finden gewußt — wobei natürlich keineswegs verschwiegen werden soll, daß auch 1843 noch etwa tausend Familien im Stillen sehr gelitten haben —, so mußten es andererseits Alle, die der Staatsregierung näher standen, mit innigster Freude empfinden, daß durch die ungeahnte Teilnahme, die unser Unglück auf der ganzen Erde gefunden hatte, der schwerste Teil der Sorge für die nächste Zukunft der Stadt von ihnen

[1]) Bemerkenswert ist es aber hierbei, daß nach dem Brand während etwa eines halben Jahres sowohl bei den inländischen wie bei den ausländischen Gesellschaften die Prämiensätze auf das 3 bis 4fache erhöht wurden, und daß es trotzdem viele Mühe machte, die Versicherungen alle unterzubringen. Schon gegen Ende des Jahres aber bewirkte die alles ausgleichende Konkurrenz einiger neugegründeten Gesellschaften, daß die Preise wieder fest und ganz wie früher wurden.

[2]) Siehe den Bericht vom 20. Februar 1843, abgedruckt in Gallois, Hamburg's neueste Zeit, Hbg. 1864.

genommen war. Schon vom Juli an richtete der Senat an einzelne der großmütigen Spender herzliche Dankschreiben, worin betont wurde, ein wie unerschöpflicher Trost in solcher Teilnahme des ganzen Landes für uns liege und wie erhebend Jeden das Gefühl durchdringe, daß, sowie von der Trümmerwand des Rathauses die steinernen Kaiserbilder auf den Schutthaufen der Brandstätte unversehrt herniederschauen, so auch im Herzen der Deutschen der Gedanke der Zusammengehörigkeit die Auflösung des Reiches voll und ganz überdauert habe. Damit konnte die Stadt sich aber noch nicht genug gethan haben, vielmehr berief der Senat zum 8. Mai 1843, dem ersten Jahrestage des Brandes, einen feierlichen Bürgerkonvent zusammen, in welchem es nur die Besprechung der einen Vorlage galt, in welcher Weise den Fürsten und Völkern den Städten und Ortschaften, den Vereinen und den einzelnen Helfern der Dank der Stadt Hamburg so dargebracht werden könne, daß er der Stadt würdig sei und in seiner Form das Unglück zu einer neuen höheren Sproße für den rastlos schaffenden Menschengeist gestalte. Frohlockend und ohne Ausnahme ist dieses Mal den Senatsvorschlägen aus vollem Herzen zugestimmt worden. — Hiernach haben die Fürsten, Regierungen, Völker und Staaten zusammen 38 Urkunden erhalten, deren jede unter besonderer Bezugnahme auf den Empfänger mit der Kunst des Malers ausgestattet und in eine polierte Doppeltafel aus Eichenholz gefaßt war, das man aus den angekohlten Balken des ehem. Rathauses geschnitten hatte. Der Beschlag der Tafeln wurde von Schwanthaler in München aus Bronzeguß gebildet, dessen Metall von den Glocken der eingeäscherten Kirchen herrührte. Für die Kunstwerke selbst haben die Maler Ascher, Brüsaber, Jacob und Martin Gensler, Laeisz, Milde, Soltau und Speckter zusammengewirkt und zwar sind diejenigen von Soltau für Frankreich, Sachsen, Rußland und Dänemark, sowie dasjenige von Martin

Die Hammonia von Schwanthaler, Bronzerelief auf den Fassungstafeln der Dankesurkunden.

Gensler für Preußen, die am großartigsten ausgestatteten und gelungensten gewesen[1]).

Die Ortsvorstände, Komitees, sowie einzelne Beamte erhielten große bronzene Denkmünzen aus Glockenmetall, die in verschiedenen Prägungen für Deutschland und für das Ausland hergestellt wurden. Die Pioniere, sowie die nachbarlich zur Hülfe geeilten Spritzenmannschaften ꝛc. erhielten kleine Medaillen im Knopfloch zu tragen und deren Vorstände ferner ein gedrucktes Ehrenblatt mit dem Dank unserer Stadt. An den Grafen Conrad von Blücher in Altona, an den geheimen Rat von Flottwell in Magdeburg und an den Bürgermeister Smidt in Bremen, die sich um die Hülfeleistung besonders verdient gemacht hatten, wurde, unter Überreichung der Urkunden von den Malern Besemann und Wolff, das Ehrenbürgerrecht für unsere Stadt verliehen. Endlich haben auch alle verdienstvollen vaterstädtischen Helfer, Beamten, Künstler ꝛc. die entsprechend ausgeführte einfache Branderinnerungsmedaille[2]) erhalten.

Die Kommission, welche für die Ausführung dieses Rat- und Bürgerbeschlusses erwählt worden war, bestand aus Senator Dr. Dammert, Senator Merck, Senator Dr. Binder, dem Archivar Dr. Lappenberg, für welchen nach seiner Rückkehr Syndikus Sieveking eintrat, dem Oberalten Burmester, dessen Sitz nach seinem Tode der Oberalte Albrecht übernahm, dem Kamerarius C. W. Koehler, dem Architekten de Chateauneuf, dem Maler Martin Gensler und dem Platzadjutanten Reuter, als Geschäftsführer. — Mit ihnen aber war verbunden in lebhaftester Teilnahme bei dieser heiligen Pflicht des Ausspruchs des Dankes der Stadt die gesamte Bevölkerung, der es mit unauslöschlicher Flammenschrift ins Gemüt gegraben war: was Hamburg nach seinen Unglückstagen Deutschland und der übrigen Welt schuldete.

---

[1]) Mitte August 1843 sind die Urkunden überreicht; u. a. nahm der König von Dänemark die seinige in Wyk auf Föhr aus der Hand von Senator Jenisch entgegen, wogegen diejenige an den König von Preußen demselben in Berlin von dem Minister-Residenten Karl Godefroy übergeben wurde. — Zwei dieser Tafeln besitzt das hiesige Gewerbe-Museum, deren eine eine Kopie der Soltau'schen Dankesurkunde für Sachsen enthält, wogegen die andere leer aufbewahrt wird.

[2]) Siehe die Darstellungen all dieser Brand-Medaillen in Gaedechens, Hamburgische Münzen und Medaillen, Hbg. 1850, Band 1, woselbst auch eine Zusammenstellung der Dokumente aller einzelnen Staaten nebst den Namen der betreffenden Künstler gegeben ist.

3. Die Kaufmannschaft.

Haben wir soeben Gelegenheit genommen das allgemeine Volksleben nach dem Brande zu schildern, so ist es zum Verständnis des weiteren Ganges der Dinge unerläßlich, daß wir nun auch in die Verhältnisse des Kaufmannsstandes und der eigentlich besitzenden Klassen einen Blick werfen. Die Stimmung, welche hier nach jenen Maitagen herrschte, war durch ihre zuversichtliche Hoffnungsfreudigkeit anfangs nicht weniger eine frohe zu nennen wie dort in der breiten Masse des Volkes und sie dürfte am zutreffendsten durch eine Wiederholung derjenigen Worte ausgedrückt werden können, mit denen der gleichfalls abgebrannte hamburgische Korrespondent am Montag, den 9. Mai, zum ersten Mal wieder vor seine Leser hintrat:

„Sind auch der Jungfernstieg und ein Teil des neueren Stadtviertels in Flammen aufgegangen, ist auch die Stadt zwei ihrer schönsten Kirchen beraubt, hat auch allerdings der Kaufmannstand schmerzliche Verluste zu beklagen, so können wir doch mit freudiger Überzeugung das Wort aussprechen, daß der Haupthebel unserer politischen und kommerziellen Stellung, der uralte Bürgersinn, und das Vertrauen zu unsern eigenen Kräften unter dem Beistande des Allmächtigen unerschüttert geblieben sind. Der größte Teil unserer Warenläger[1]), sowie die Fonds der Bank sind unversehrt vorhanden. Noch steht unsere neue Börse unzertrümmert da, und wird, hoffen wir, ehestens wieder eröffnet werden, damit die vielfachen Interessen, welche das Ausland mit uns verknüpfen, so wenig Störung als möglich erleiden. In unserm Hafen wehen nach wie vor die Wimpel aller Nationen, gleichsam als Unterpfand, daß Hamburg auch hinführo ein Zentralpunkt des Handels bleiben werde, dem es seinen Wohlstand verdankt und dessen ungeschmälerte Fortdauer allein es ihm möglich machen wird, die ungeheuren Drangsale der letztverflossenen Tage zu verschmerzen."

Das Vertrauen zur eigenen Kraft, welches sich in diesen Worten ausspricht, hat in der That die ganze Kaufmannschaft beseelt, die Bankabschreibungen sind

---

[1]) Nach Neddermeyer, Statistik, Hamburg 1847, Seite 290 gab es damals in Hamburg 1681 Kaufleute und 634 Makler. Abgebrannt waren 430 Kaufleute und 106 Makler.

keinen Tag unterbrochen worden, die Börse wurde im Logenhause an der Drehbahn bezw. auf dem Hof des Johanneums abgehalten. 200 Schiffe sind während der Brandtage die Elbe heraufgekommen. Ihre Waren ließen sich zwar nur zum kleinen Teil unterbringen und vieles mußte in Altona u. a. O. lagern, aber man fühlte doch den Besitz. Eine Anregung, für fällige Wechsel Respittage zu beantragen, begegnete allgemeinem Protest. Vielmehr gelang es, durch hülfsbereite Unterstützung der geldkräftigsten Leute[1]) einen Diskontofond zusammenzubringen, dessen Betrag ausreichte, um für eine Zeitlang allen laufenden Bedürfnissen thatsächlich zu entsprechen. So hat unsere Kaufmannschaft die Genugthuung gehabt, daß als unmittelbare Folge des Brandes wirklich keine Insolvenzerklärung notwendig geworden ist.[2]) Am 13. Mai konnte die Börse den Kaufleuten wieder eröffnet werden[3]), und mit frohem Händedruck fanden sie sich dort zusammen in der Überzeugung: wir haben unsere Börse gerettet, wir haben unsern Kredit gerettet, wir haben alles gerettet.

In der That war der Eindruck, welchen die Haltung unserer Börse dem Auslande gegenüber erweckt hat, ein ganz hervorragender. Wir entnehmen den Nachrichten über eine Audienz, welche der Baron von Rothschild am 19. Mai beim Generalfeldzeugmeister Erzherzog Ludwig in Wien gehabt hat, in dieser Beziehung z. B. folgenden Satz: „Die Berichte aus Hamburg in Betreff des äußerst soliden Benehmens des dortigen Handelsstandes machen hier einen außerordentlichen Eindruck. Man war gewohnt, den Hamburger Kaufmann als sehr rechtlich und bieder zu kennen, allein eine solche Kraftentwickelung und Solidität bei diesen traurigen Umständen hätte man nicht erwartet. Die öffentliche Teilnahme steigert sich deshalb mit jedem Posttage." Hamburg durfte aber auch stolz sein, unter seiner Kaufmannschaft Männer zu besitzen, die mit so hin-

---

[1]) Salomon Heine eröffnete z. B. sogleich 20 Maklern, daß er bereit sei, von ihnen Wechsel bis zum Betrage von je 15 000 Mk. entgegenzunehmen.

[2]) Bezügl. der kaufmännischen und industriellen Insolvenzen zusammengenommen können nach den Handelsberichten von General-Konsul Wm. O'Swald folgende Zahlen genannt werden:

1841	wurden	fallit	erklärt	156	Personen	mit	zusammen	2 663 000	M.
1842	"	"	"	117	"	"	"	4 178 000	"
1843	"	"	"	119	"	"	"	1 398 000	"
1844	"	"	"	160	"	"	"	1 261 000	"
1845	"	"	"	261	"	"	"	3 700 000	"

[3]) Die Zugangstraßen zur Börse waren aber oft noch mit so vielen unvorherzusehenden und zufälligen Hindernissen versperrt, daß man billiger Weise die Börsensperre noch nicht wieder einführen konnte. Dieselbe ist erst am Montag den 6. Juni und zwar auch dann noch mit der Rücksicht wieder in Kraft getreten, daß der vielen Umwege wegen bis auf Weiteres der Schluß erst 10 Minuten nach 1 Uhr erfolgen solle.

gebender Selbstverleugnung die dringenden eigenen Angelegenheiten zurücktreten ließen vor der Wahrung all der Interessen, die der Gesamtheit wichtig sind. Schon vom 14. Mai ab konnte wieder Silber von und nach der Bank gebracht werden, und nachdem am Sonntag, den 22. Mai, von morgens 5 Uhr bis abends 5 Uhr die Überführung der gesamten Bankkontanten aus den Ruinen des Rathauses nach einem dazu eingerichteten Teil des Börsenkellers beschafft[1]), und die neuen Geschäftsräume in der Börse eingerichtet waren, da konnte mit allem Ernst wieder an die Einrichtungen für die Zukunft gedacht werden, und alles wandte sich nach dem Kommerz-Komptoir, um die seit dem 17. Mai ausliegende Eingabe zu unterschreiben, durch welche die Behörden gebeten werden sollten, daß dem Wiederaufbau der Stadt ein im voraus festzusetzender und umfassender Plan zu Grunde gelegt, und eventuell auch eine allgemeine Expropriation nicht gescheut werden möge, und daß ferner auch von vornherein geeignete Plätze für die Postämter, sei es nicht in einem einzigen Hause, so doch innerhalb einer einzigen Straße und nahe der Börse disponiert werden möchten.

Auch der Senat konnte sich, sobald die dringendsten Geschäfte des Augenblicks erledigt waren und der Gedanke an den Wiederaufbau der Stadt Raum fand, ähnlichen Erwägungen unmöglich verschließen, sondern ließ ohne Verzug einen Bebauungsplan für den abgebrannten Stadtteil ausarbeiten und berief die sog. technische Kommission zusammen, damit in kleinem Kreise Vorberatungen über diese Angelegenheit gepflogen würden. Ehe wir aber auf diese geheim betriebenen Arbeiten im einzelnen eingehen, sei zunächst der schweren Sorgen gedacht, welche mit dem allmählich sich klärenden Bewußtsein von der Größe der Verluste im Lauf der nächsten Wochen die Begeisterung der Bürger zu schwerer Niedergeschlagenheit wandeln mußten.

Vor allem war es ein offenes Geheimnis, daß die Feuerkasse den Schaden sicherlich nicht werde bezahlen können. Nach amtlichen Auszügen berechnete man die hierfür erforderliche Summe auf weit über 50 Mill. Mk., und wenn auch eine erneute Schätzung der Grundstücke und des Wertes der Ruinen angeordnet war, so ließ sich doch nicht annehmen, daß die endgültige Summe wesentlich geringer sein werde. Nach Maßgabe der Feuerkassensatzungen mußten nun alle bei derselben versicherten Grundbesitzer, je nach ihren einzelnen Versicherungs-

[1]) Mehrere Silberbarren ließen erkennen, wie sie durch die Hitze während des Brandes fast in Schmelzfluß zerlaufen wären. Ein solches Stück, das völlig aufgelöst ist und die Gestalt eines eigenartig verzweigten Gewächses angenommen, aber nichts von seinem Gewicht eingebüßt hat, wird unter Glas noch jetzt im Sitzungssaal des Senats aufbewahrt. — Das gleichfalls zerschmolzene silberne Dintenfaß vom Bürgermeistertisch des Rathauses steht im Sitzungssaal der Finanzdeputation.

beträgen im Verhältnis zu dem Gesamtversicherungsbetrag für den entstandenen Schaden eintreten. Der Gesamtbetrag aller Versicherungen der Stadt und Vorstadt St. Georg belief sich aber auf 220,8 Mill. Mk. Da der Schaden demnach die Höhe von 23 Proz. desselben erreichte, so würden einesteils die Nichtabgebrannten durch die Ersatzforderung ruiniert worden sein, anderenteils aber würden die Abgebrannten, als bei dem Ersatz selbst beteiligt, nur einen sehr ungenügenden Bruchteil ihrer Versicherungssumme zu erwarten gehabt haben. Hierbei muß weiter berücksichtigt werden, daß der hamburgische Grundbesitz sich, mit ganz geringen Ausnahmen, nicht in Händen von Spekulanten befand, sondern, daß die Eigentümer selbst Nutznießer waren. Sie besaßen ihr Haus, um ihr Geschäft darin zu betreiben, oder um darin zu wohnen, und nur nebenher erwuchs aus der Vermietung des etwa entbehrlichen Raumes zugleich eine Einnahmequelle. Ferner muß erinnert werden, daß, als eine Folge der abseiten mehrerer Zünfte geforderten Erwerbung eines eigenen Hauses, viele Erben des bürgerlichen Mittelstandes sehr hoch beschwert waren, und daß, wenn auch die wohlhabenden Kaufleute und Rentner bezahlen und dann weiterarbeiten konnten, von den ersteren viele kaum ihre unvermeidlichen Zinsen aufzubringen vermochten, bei so beträchtlicher Abgabenlast, wie nun drohte, aber unmittelbar vor dem Zwangsverkauf standen.

Daß in dieser Beziehung eine Deckung durch Erhöhung der Mieten sich werde herbeiführen lassen, war ebenfalls unwahrscheinlich, denn wenn auch zur Zeit in den erhalten gebliebenen Erben eine Mietesteigerung eingetreten war, so drängten doch alle Mieter auf ein Zurückgehen der Preise, und dieses mußte eintreten, sobald erst wieder mehr Wohnungen disponibel sein würden, ungeachtet sogar des Umstandes, daß das Bauen nach dem neuen Gesetz, daß vorbereitet wurde, sich gewiß teurer gestalten würde, als es bislang gewesen war.

Drohte hiernach also der Ruin über eine große Zahl von Bürgern hereinzubrechen, so mußten andererseits auch die Hypothekgläubiger in bedenklicher Furcht leben, ihre am sichersten gehaltenen Gelder zu verlieren, wenn unter so erdrückenden Verhältnissen eine größere Masse von Grundstücken zum Verkauf käme. Sofern sie deshalb aber wünschten, daß der Staat durch eine hohe Anleihe die Forderungen decken und auf sich nehmen solle, so erhoben sich wieder die Kaufleute und betonten, Hamburg sei verloren, sobald man das Staatsvermögen durch solche ungeheure Anleihe für unabsehbare Zeit belaste. Denn hiermit stände der Staatskredit und mit ihm der Lebensnerv der Stadt, der Fortbestand von Handel und Schiffahrt auf dem Spiel, und ohne diese könne die Stadt niemals die Kraft zum Wiedererwerb des erschütterten Wohlstandes in sich tragen. Man erinnerte an die noch unvergessenen Drangsale der französischen

Zwangsherrschaft, und an die Staatsschuld, die zur Zeit des Friedensschlusses 1814 die enorme Höhe von 60 Mill. Mark erreicht gehabt hatte. Zur Tilgung dieses Geldes war damals die Grundsteuer eingeführt, durch welche allem Besitz eine sehr unbequeme Last auferlegt war. Dennoch hatten in den seither abgelaufenen 28 Jahren nur zirka 22,5 Mill. Mark zurückgezahlt werden können, sodaß 1842 sich die Staatsschuld noch auf 37 Mill. Mark, oder pro Kopf der gesamten Einwohnerschaft auf 231 Mark belief. Diesen Summen gegenüber hatte das Staatshaushaltbudget der letztverflossenen 5 Jahre im Durchschnitt nur die Höhe von wenig über 6 Mill. Mark erreicht, sodaß sich leicht abnehmen läßt, daß außerordentliche Hülfsquellen erschlossen werden mußten, wenn nun noch eine Mehrbelastung des Budgets eintreten sollte.

War nach alledem aber doch die Kontrahierung einer sehr hohen Anleihe unvermeidlich, so sah damit wiederum auch Jeder eine Immobiliarkrisis um so unabwendbarer vor sich, als es selbstverständlich dann für die Kapitalisten viel verlockender sein mußte, sich den staatsseitig garantierten Schuldbriefen zuzuwenden, als im Vertrauen auf die im Sinken begriffenen Grundwerte das Geld in Hypotheken ruhen zu lassen. Abgesehen aber von allediesem mußte den meisten Grundbesitzern die nächste Zukunft ihrer Berufs- und Erwerbslage noch dadurch völlig verdunkelt werden, daß durch die bevorstehende Expropriation Besitzverschiebungen in riesigem Maßstabe vor sich gehen sollten. Niemand wollte zwar verlautbaren lassen, daß nach seinem Dafürhalten Hamburg gern wieder ebenso aufgebaut werden könne, wie es gewesen war, aber Niemand konnte sich andererseits auch verhehlen, daß seine Zukunft hierbei einem Glücksspiel preisgegeben sei. Denn, wurde er expropriiert, wer stand ihm dann dafür ein, daß er zu den Bevorzugten gehören werde, denen einer von der in Zukunft verminderten Anzahl von Plätzen seiner Straße wieder zufiele, und wurde er nicht expropriiert, so konnte er erst recht nicht wissen, ob er mit seinem seitherigen Besitz später nicht an eine Straße gebunden sein würde, von der der neue Verkehr sich durch andere bessere Straßen ganz ablenken werde.

So waren es dunkle und schwerwiegende Zweifel, mit denen allseitig der nächsten Zusammenberufung der Bürgerschaft entgegengesehen wurde, und andererseits Aufgaben von unberechenbarer Tragweite, deren Lösung in den Senatsvorlagen durch staatswirtschaftlich zweckmäßige Vorschläge eingeleitet werden sollte. — Bedenkt man nun, daß auf den Senat, als oberste Regierungsbehörde, außer der Vorbereitung der bürgerschaftlichen Propositionen auch noch die große Sorge um die unabweisbaren Anforderungen des gegenwärtigen Augenblickes einstürmten, und daß die Erledigung aller Geschäfte durch die zunächst ganz ungenügende Unterbringung aller Verwaltungsbehörden stark behindert und erschwert war, so kann es unmöglich Wunder nehmen, daß derselbe die Bürgerschaft nicht früher zusammenberufen konnte als zum Donnerstag, den 16. Juni, 40 Tage nach dem Erlöschen des großen Brandes.

In ganz ungewöhnlicher Anzahl haben die Bürger dann aber auch diesem Ruf Folge geleistet. Während sich im ehem. Rathause zu den 6 Konventen d. J. 1841 im Durchschnitt nur je 250 Personen eingefunden hatten, mußten nun die provisorisch für die Konventabhaltungen hergerichteten Räume des früheren Waisenhauses ihre Pforten einer Versammlung von 845 Bürgern öffnen.[1]) Es sind 5 Anträge gewesen, mit denen der Senat in diesem Augenblick vor die Bürgerschaft trat. Zunächst sollte eine Rat- und Bürgerdeputation gebildet werden, durch welche sich mit weitgehender Machtvollkommenheit in der gegenwärtigen Notlage eine schleunig durchgreifende Einheit des obersten Befehls herbeiführen lasse. Ferner war die Bewilligung einer Anleihe im Betrage von 48 Mill. Mark zur Bezahlung des Feuerkassenschadens und desfallsige weitere finanzielle Beliebungen beantragt, dann wurde eine prinzipielle Beschlußfassung darüber gewünscht, daß der abgebrannte Stadtteil nicht in derselben Weise wie er bestanden habe, wieder errichtet werde, und daß deshalb das Bauen von einer Erlaubnis der Deputation abhängig zu machen sei, die vorläufig nur für sehr wenige bestimmt unverändert bleibende Grundstücke erteilt werden könne. Ferner sollte über die für alle innerhalb der Brandstätte zu errichtenden Neubauten von der technischen Kommission aufgestellten strengeren bau- und feuerpolizeilichen Vorschriften beraten und endlich Verfügungen in Bezug auf die Verteilung der Unterstützungsgelder getroffen werden. — Mit allem erklärte die Bürgerschaft sich einverstanden. Nur eine Modalität bezüglich der Deckung der großen Anleihe blieb auch noch in dem nächsten Konvent den 23. Juni unerledigt, sodaß die Bürger noch ein drittes Mal, zum 2. Juli, zusammenberufen werden mußten, wo dann endlich zur Aufbringung der hierfür während der Dauer von 50 Jahren jährlich notwendigen 2,2 Mill. Mark beschlossen wurde: 1. vom Jahre 1844 an eine außerordentliche Feuerkassenzulage von 4‰ zu erheben; 2. die Grundsteuer für die Stadt und St. Georg um 25%, für St. Pauli um 50% und für das Landgebiet um den ganzen Betrag zu er-

[1]) Die Durchschnittsumme der Anwesenden in den 4 hauptsächlichen Bürgerkonventen 1842 hat sich auf 715 belaufen. — Die Bürger versammelten sich um 9 Uhr morgens, und der Konvent dauerte so lange, bis die Senatsvorlagen erledigt waren. Waren die Konvente so zahlreich besucht, wie diese, so wurden die ersten 2 bis 3 Stunden lediglich für die Kontrolle der Personalien der vielen freiwillig Erschienenen in Anspruch genommen. Am 16. Juni z. B. konnte mit dem Verlesen der Anträge des Rats erst um 12 Uhr begonnen werden. Die Besprechung und Abstimmung erforderte dann die Zeit bis gegen 6 Uhr, wonach ferner noch die sog. Mundierung für jedes Kirchspiel fast eine Stunde erfordert hat. Erst abends um 10 Uhr konnten die Bürger auseinandergehen.

höhen und die Gesamtsumme für diesen Zweck zu überweisen; 3. von all denjenigen Staats- und anderen Erben, welche wie Stiftungen ꝛc. keine Grundsteuer bezahlen, statt obiger $4^{0}/_{00}$ bis zur Tilgung der Anleihe $5^{0}/_{00}$ außerordentliche Feuerkassenzulage zu erheben.[1])

Nach diesem schweren Beschluß waren die durch die Katastrophe hervorgerufenen verfassungsmäßigen Vorarbeiten erledigt, und waren die übernommenen Lasten auch groß, so sind doch alle Beteiligten froh gewesen, endlich aus dem Zustande der Ungewißheit erlöst zu sein. Gern stimmte deshalb die ganze Stadt dem sogleich eröffneten Senatsdekrete zu, welches für Donnerstag den 7. Juli, die Haltung eines allgemeinen Buß- und Bettages anordnete. In feierlicher Andacht und ernster Prüfung sollte hierdurch dem Höchsten ein Dankopfer für die Errettung der Stadt vor dem gänzlichen Untergang gebracht, und für das Gelingen der wichtigen Beschlußfassungen der Segen Gottes erfleht werden. Von den verschiedensten Seiten haben die Geistlichen unserer Stadt zu dem gegebenen Bibeltext das große Unglück der Stadt beleuchtet. Der wiederkehrende Sinn Aller aber war jedesmal: „Die Kirchen konnten wohl in Trümmer sinken, aber die Kirche bleibet unvergänglich und ewig bestehen.“[2]) Eine kirchliche Feier, zur Erinnerung an den Brand hat bis zum Jahre 1848 alljährlich an dem auf den 5. Mai folgenden Sonntag stattgefunden. — Die Kollekte jenes Buß- und Bettages, welche zum Besten der vom Feuer betroffenen Mitbürger stattfand, legte ein schönes Zeugnis für den Gemeinsinn der Bürger ab, und hat eine Summe von 25700 Mark erbracht.

Froher Mut schwellte die Herzen aller, welche nun mit Hand anlegen sollten zum Wiederaufbau Hamburgs, und die Stadt hallte wieder von den Versen, mit welchen gerade die Burgdorfer aus dem Kanton Bern die unter ihnen ersammelten Beiträge von zusammen 40 Mark eingesandt hatten:

Drei Kirchen mußten sinken
Im wilden Flammenmeer,
Drei Türme aber blinken
Zu ewger hoher Ehr:

Das sind die Wappentürme
Der alten edlen Stadt,
Die Gott durch tausend Stürme
So treu geschirmet hat!

[1]) Hiernach hätte diese große Anleihe gegenwärtig gerade bei dem Augenblick ihrer gänzlichen Tilgung angelangt sein müssen. Nachdem aber bis ult. 1879 im Ganzen 30,6 Mill. Mk. getilgt waren, hat die Finanzdeputation es vorgezogen, mit einigen Bankhäusern ein Abkommen zu treffen, nach welchem der Restbetrag zu einer Rente konvertiert ist.

[2]) Als die eigentlichen Brandpredigten galten die Hauptpredigten, welche am 1. und 2. Pfingsttage gehalten sind. Sie liegen sämtlich gedruckt vor, und sind vielfach besprochen. Siehe u. a. die Auszüge aus denselben in Herbert, der große Brand, Altona 1842, und besonders das interessante Gesamtreferat über alle diese Predigten von Pastor Kunhardt in Dr. Siemers, Erinnerungsblätter an den großen Brand.

4. Die technische Kommission.

Blicken wir auf den ehemaligen Straßenplan des abgebrannten Stadtteiles, so wird als das hauptsächlich in die Augen fallende Merkmal vor allem der Umstand uns entgegentreten, daß der Mittelpunkt des ältesten Teiles dieser Gegend der Berg war. Er bildete die ehemalige Gerichtsstätte des alten Hamburg, wo der Roland gestanden hatte und wo sich wichtige öffentliche Gebäude befanden. Auf ihm vereinigten sich strahlenförmig zusammenlaufend sechs Straßen. Die Straßenführung jenseit der Häuserinseln des Berges aber war bedingt worden teils durch die Lage der Wasserläufe und teils durch die Lage des ehemaligen Domes und der beiden Klöster. Alle diese Gebäude waren aber zur Zeit des Brandes nicht mehr vorhanden, ein neuer Mittelpunkt hatte sich für die Stadt gebildet, seit auf dem Adolfsplatz die Börse errichtet war. — Ferner ist auch die Breite der ältesten Straßen eine ganz außerordentlich geringe gewesen. Wir erwähnen in dieser Beziehung als Beispiel nur, daß trotz der allgemein üblichen weiteren Einengung aller Straßen durch Beischläge und Haus- und Kellertreppen 2c., der große Burstah in Breite von 7 bis 8 m dem heutigen Grimm entsprach und daß der Altewall in Breite von 6 bis 7 m etwa dem heutigen Breitengang glich. Die Steintwiete und Görttwiete aber waren nur 3,5 bis 4 m breit und die damals nur für Fußgänger erbaute jetzige Adolfsbrücke engte sich sogar bis auf 3 m ein.

Es galt also sowohl in Bezug auf die Lage der Straßen, wie auch auf die Breite derselben für den nun durch ein Naturereignis vernichteten Stadtteil einen ganz neuen Entwurf zu machen, und der Senat glaubte, für diese Aufgabe keine geeignetere Kraft wählen zu können, als den Ingenieur Lindley, welcher sich damals hier selbst aufhielt.

William Lindley war in Yorkshire geboren und 1824 nach Absolvierung seiner Schulzeit bei Pastor Schröder in Wandsbeck in Pension gewesen. Er hatte dann in London unter Ingenieur Giles an Eisenbahnen, Flußkorrektionen und anderen großartigen Ingenieurunternehmungen mitgearbeitet und wurde, als 1834 der Bahnbau nach Lübeck beabsichtigt war, von seinen hiesigen Freunden zurückberufen. Die Ausführung scheiterte aber an der dänischen Konzessionsverweigerung, und Lindley ging wieder nach England. Im Jahre 1838 kam er nochmals zurück, da man wenigstens den auf das hamburgische Gebiet entfallenden Teil jener Bahn auszuführen wünschte. Hiervon riet Lindley aus Rentabilitätsgründen ab, schlug indessen vor, die Bahn nach Bergedorf zu bauen und hiermit den Anfang der für alle Zeiten gewiß wichtigen Verbindung mit Berlin herzustellen. Es ist bereits erwähnt, daß diese Bahn zur Zeit des Brandes gerade vollendet war, wonach Lindley hier in bestem Ansehen stand. Er war damals erst 34 Jahr alt, ausgezeichnet durch einen klaren Blick, wußte in vielen Dingen schnell und sicher das Richtige zu treffen und besaß eine äußerst gewandte und überzeugende Rednergabe.

Unter diesen Umständen darf es nicht Wunder nehmen, daß den beiden höchsten Baubeamten, denen noch keine so weitumfassenden Aufgaben zugefallen waren, nur eine beratende Stimme bei Lindleys Arbeiten zugesprochen wurde. Der älteste war der Baudirektor Karl Ludwig Wimmel, 1786 in Berlin geboren. Derselbe ist als Zimmergeselle nach Hamburg gekommen, hat hier aber das Glück gehabt, durch Stipendien und Privatunterstützungen die Mittel zu Studium und weiteren Reisen zu finden. Er trat, als er zurückkehrte, 1816 in den Staatsdienst ein. Unter seinen Ausführungen sind die hervorragendsten: 1821 bis 23 das allgemeine Krankenhaus, 1826 bis 27 das Stadttheater nach Schinkels Planskizzen, 1830 das Detensionshaus, 1835 bis 36 das Heiligen-Geist-Hospital und das Marien-Magdalenen-Kloster, sowie endlich in Gemeinschaft mit Forsmann 1837 das Johanneum und 1839 die neue Börse. Ihm zur Seite stand der ein Jahr jüngere Paridom Gottlob Heinrich; derselbe war Hamburger, Schüler Reinkes, seit 1812 Geometer und 1841 zum Oberingenieur ernannt. Beide waren ruhige Charaktere, dem Fortschritt zwar nicht abgeneigt, aber die Konsequenzen ihrer Handlungen viel zu wohl erwägend, als daß sie weit aussehenden Plänen ohne weiteres gleich zugestimmt hätten.

Zur näheren Durchberatung des von Lindley, Wimmel und Heinrich in gewissem Grade vollendeten und abgeschlossenen Planes wurden sodann am 17. Mai noch die Privatarchitekten, de Chateauneuf, Ludolff und Klees Wülbern, sowie der Wasserbaudirektor Hübbe hinzuberufen, welche mit den ebengenannten Mitgliedern zu der „technischen Kommission" zusammentraten und am nächsten Tage ihre erste Sitzung abgehalten haben. Da der Wiederaufbau und mit ihm die Zukunft Hamburgs hiernach wesentlich von den Vorschlägen dieser Kommission abhängig wurde, so möge hier eine Charakteristik auch ihrer weiteren Zusammensetzung eingefügt sein.

Der erstgenannte Architekt war ein Sohn des ehemaligen französischen Konsuls in Tunis, aber nach dessen Emigration in Hamburg 1799 geboren. Derselbe kehrte nach Absolvierung seiner Studien in Paris und Karlsruhe und nach großen Reisen in den dreißiger Jahren nach Hamburg zurück. Unter seinen zahlreichen Bauten[1]) mögen hier genannt sein: das Abendrothsche Haus, neuer Jungfernstieg Nr. 16, welches 1833 und 34 erbaut ist, und dessen edle Architektur es noch heute wesentlich über zahlreiche neuere Schöpfungen hervorhebt. Ferner der Berliner Bahnhof[2]), ein Meisterstück für seine Zeit, und die Apostelkirche in Christiania, ein Kuppelbau in mächtigem Maßstabe. Auch zur Börse[3]) hatte er einen wohl zu beachtenden Entwurf gemacht, dessen Anordnung nach dem Brande allerdings weniger günstig gewesen sein würde als der zur Ausführung gebrachte Bau. Er war Ehrenmitglied der Institution of british Architekts und ein feiner und in jeder Beziehung weltvollendeter Herr, sodaß die Mitglieder der Kommission ihn bald einstimmig zu ihrem Vorsitzenden erwählten. Dieses Amt hat er mit vieler Hingebung und großer Geschicklichkeit geführt. Er ist auch das einzige Mitglied der Kommission gewesen, welches, abgesehen von einer Sitzung, die mit dem Bürgerkonvent vom 23. Juni zusammenfiel, sämtlichen 121 Versammlungen der Kommission beigewohnt hat. — Jakob Heinrich Ludolff, ebenfalls Hamburger, war 1793 geboren. Er studierte gleichfalls in Paris, machte große Reisen und erbaute 1825 das Hartwig-Hesse-Stift in St. Georg und das Bankgebäude am Neß, dessen Sandsteinfaçade nach dem Brande wiederhergestellt ist. — Der dritte Architekt Klees Wülbern war ein Oldenburger, hatte in Kopenhagen studiert, machte sich seit 1825 in Hamburg ansässig und gewann bald eine große Praxis. Unter seinen Bauten seien hauptsächlich das jüdische Krankenhaus an der Marienstraße und die Kapelle auf dem jüdischen Kirchhof am Durchschnitt genannt.

Was endlich Heinrich Hübbe anbetrifft, so war derselbe Hamburger und i. J. 1803 geboren. Er studierte in Berlin, trat 1828 in den hiesigen Staatsdienst ein und bekleidete seit 1836 das Amt des Wasserbaudirektors. Er war eine in seinem Fach bedeutende, aber ängstliche, und im Gegensatz zu Heinrich und Wimmel ganz vorwiegend auf Einzelheiten sich konzentrierende Natur. Seine Schlußfolgerungen haben sich daher oft mit zum Teil nebensächlichen Fragen beschäftigt und er hat die Verhandlungen vielfach durch ausgedehnte Gutachten unterbrochen und dadurch die Geduld der übrigen Mitglieder auf eine harte Probe gespannt. Er war aber ungemein fleißig, und ist, trotzdem sein Amt ihn sehr in Anspruch nahm, vielfach noch schriftstellerisch thätig ge-

[1]) Siehe Architectura Domestica von A. de Chateauneuf, Berlin, 1837, und Architectura Publica von demselben, Berlin 1860. (Nach C.'s den 31. Dezember 1853 erfolgtem Tode erschienen.)

[2]) Siehe die Originalzeichnungen im Besitz des hiesigen Gewerbe-Museums.

[3]) Siehe de Chateauneuf, Entwurf zur Hamburger Börse, Berlin 1838.

wesen. Auch hat er die Protokolle der technischen Kommission während 36 Sitzungen geführt. Um dies sogleich hinzuzufügen, sei erwähnt, daß während weiterer 46 Sitzungen der später eintretende Architekt Reichardt das Protokoll übernahm und daß ferner für dessen Führung in 7 Sitzungen Dr. Henckell und seit Mai 1843 Dr. Glaeser hinzugezogen worden ist.[1])

Für die Beratungen der Kommission machte sich zunächst der Mangel eines korrekten Stadtplanes sehr hindernd fühlbar. Lindleys Projekt war auf den Plan des ehemaligen lübeckischen Hauptmanns Schwarz i. M. 1 : 2500 aufgetragen. Dieser Plan gab aber weder die Straßenbreiten genau, noch waren die Grundstückgrenzen darauf eingetragen. Da sich hiernach über den näheren Umfang der erforderlich werdenden Enteignung keine Aufschlüsse entnehmen ließen, so einigte man sich trotz Hübbes Einsprache dahin, zunächst die hauptsächlich maßgebenden Gesichtspunkte für die Aufstellung des zukünftigen Planes zu besprechen, worauf dann die Beratungen über den Entwurf des Baugesetzes für den abgebrannten Stadtteil zu folgen hatten. Inzwischen aber war der Geometer Nagel im Auftrage des Senats bereits mit 8 Ingenieuren beschäftigt eine genaue Vermessung der ganzen Brandstelle vorzunehmen, deren Fertigstellung in etwa 3 Monaten erwartet werden durfte.

Als Grundbedingung für den neuen Stadtplan war allgemein anerkannt, daß das Straßennetz in gute Verbindung mit der Börse gesetzt und in der Nähe derselben die für die Verwaltung, Gerichte, Postämter u. s. w. erforderlichen Grundstücke unter Vorsorge für freie Plätze von angemessener Größe günstig zu disponieren seien. Ferner war der Hauptverbindungsweg nach Altona, Rathausstraße — Burstah, den gewachsenen Verkehrsanforderungen entsprechend zu verbreitern. Weiter sollten zur besseren Verbindung mit St. Georg nicht nur die ehemaligen Straßen beim Zuchthaus, Holzdamm und Drillhaus zu einer Hauptverkehrsstraße ausgelegt, sondern außerdem noch ein neuer Durchbruch, der spätere Georgplatz, vorgesehen werden. Eine Vermehrung der Bauplätze durch

[1]) Die Sitzungen fanden anfangs in Dr. Abendroth's Haus neuer Jungfernstieg Nr. 16, seit November in den Notwohnungen am Glokengießerwall und seit Februar 1843 im Zentral-Bureau der Baudeputation statt. Die Thätigkeit der Mitglieder war ehrenamtlich, bei der Auflösung der Kommission, Ende des Jahres 1845, aber erhielten Hübbe, Chateauneuf, Ludolff und Klees Wülbern ein Ehrengeschenk von je 3600 Mk. Die Sitzungen verteilten sich wie folgt:

	Jan.	Febr.	März	April	Mai	Juni	Juli	Aug.	Sept.	Okt.	Nov.	Dez.	
1842	—	—	—	—	11	15	12	9	8	7	6	3	71
1843	5	2	6	4	4	4	1	2	3	3	2	2	38
1844	2	1	1	1	—	—	—	—	1	—	—	—	6
1845	5	—	—	—	—	—	—	—	—	—	—	1	6

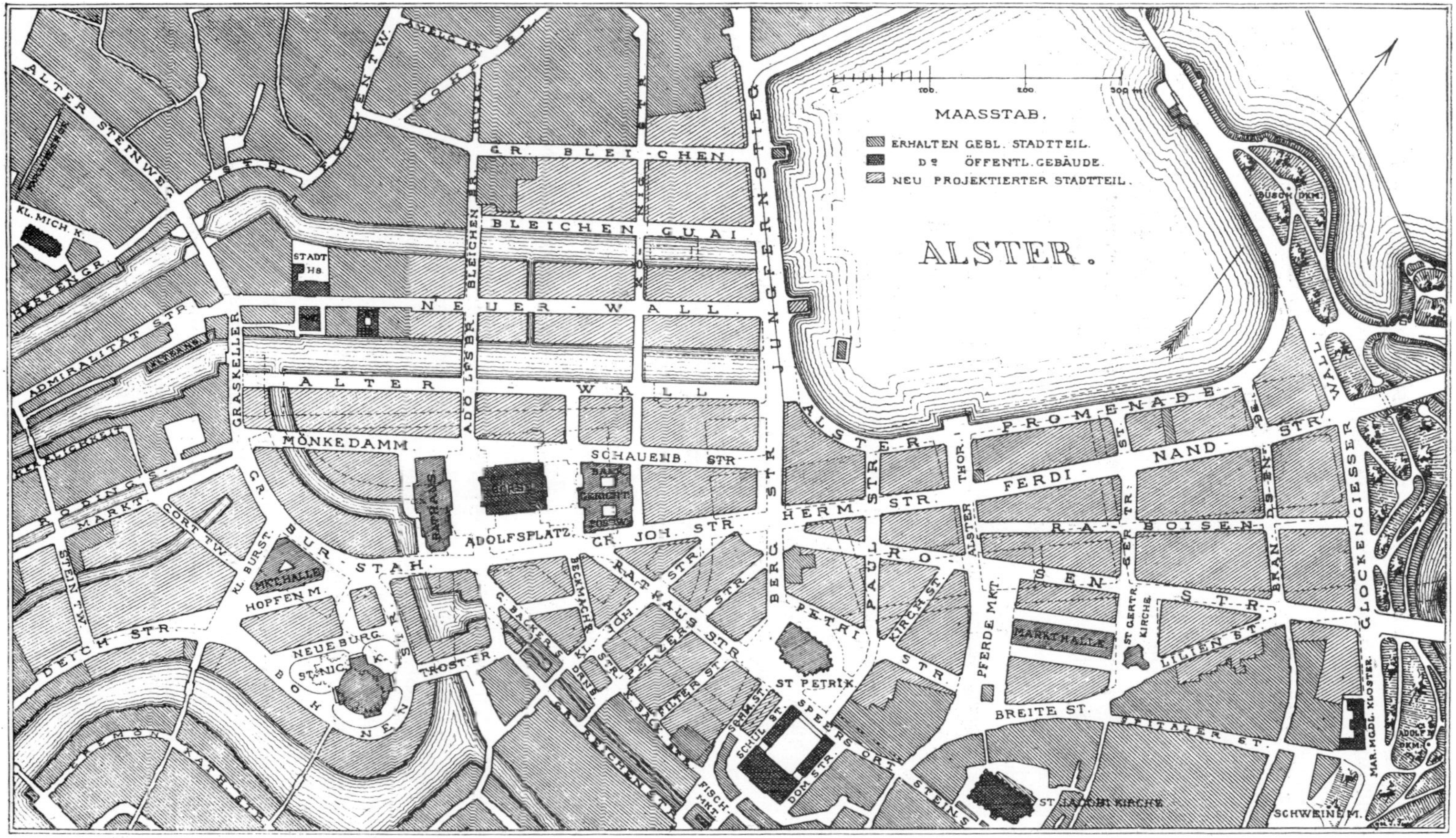

William Lindley's Entwurf zum Wiederaufbau der Stadt.

Abtragung des Glockengießerwalls war in Aussicht zu nehmen, und die Hoffnung des Publikums ging dahin, daß mit dem hier gewonnenen Erdmaterial ein neuer dritter Jungfernstieg, wenn auch nur als Fußpromenade an der Südostseite der Binnenalster angeschüttet werden möchte. Endlich mußte auf eine gute Verbindung des neuentstehenden Stadtteiles mit den umliegenden alten Straßen wesentlich Rücksicht genommen werden.

Im Großen und Ganzen sind dies dieselben Bedingungen, welche ohne Erweiterung dem späteren definitiven Stadtplan zu Grunde gelegt sind. Dennoch zeigt Lindleys Plan von diesem viele sehr wichtige Unterschiede. Um nur auf die wichtigsten Punkte hinzuweisen, bemerken wir, daß das Rathaus im Südwesten der Börse am Adolfsplatz, ein Post- und Gerichtsgebäude auf der entgegengesetzten Seite angenommen ist. Hiernach nimmt die Börse selbst die Mitte eines großen freien Platzes ein. Am Ende des Jungfernstieges ist ein zweiter kleiner Platz gebildet, und es ist angestrebt, sowohl nach diesem, wie nach dem Börsenplatz die Mehrzahl der Straßen zusammenzuführen. Hierdurch sind eine Menge spitzwinkliger und dreieckiger Straßeninseln gebildet, die als unvorteilhaft für die Bebauung bezeichnet werden müssen. Im nordöstlichen Stadtteil hat auch die Rosenstraße eine gänzlich veränderte Lage erhalten und zwar so, daß dieselbe an der Ecke der Bergstraße mit der Hermannstraße zusammenläuft. Somit sind freilich, abgesehen von dem verbleibenden kleinen Stück des Burstahs krumme oder gebrochene Straßen gänzlich vermieden. De Chateauneuf aber wandte hiergegen sogleich ein, daß doch dies als weniger wichtig bezeichnet werden müsse, als die zweckmäßige Lage und genügende Breite der Straßen nebst deren Anschluß an die alten Stadtteile.

Nachdem während der ersten Tage die Besprechung über den Plan sich noch kaum weiteren Einzelheiten hatte zuwenden können, traf am 21. Mai, vom Senat aus Dresden herberufen, Professor Semper hier ein, um an den Arbeiten der Kommission teilzunehmen. Derselbe war damals 39 Jahr alt und kannte, weil in Altona geboren, Hamburg aus seiner Jugendzeit gut. Er ist bis zum 27. Mai hier gewesen und hat 5 Sitzungen der Kommission beigewohnt, an deren Beratungen er umsomehr sehr eingehenden Anteil nahm, als er den meisten Mitgliedern von vornherein schon persönlich bekannt und befreundet war.

Sein Haupteinwand gegen den Lindleyschen Plan betraf das Prinzip der absolut geraden Straßen; nach seiner Meinung würde der Stadt durch diese das Charakteristische ihres tausendjährigen Bestehens geraubt. Vor allem sei die schnurgerade Straße zu tadeln, die Lindley von der Steintwiete bis zum Glockengießerwall führen wolle. Diese Straße sei sogar insofern als schädlich zu bezeichnen, als sie den Fremden, der diesen Hauptweg passiere, um nach

Altona zu gelangen, unwillkürlich irre führe. Es müsse vielmehr für alle Zeiten der Burstah die Hauptstraße bleiben, und derselbe sei, wenn gehörig verbreitert keineswegs schlechter, als eine neue ganz gerade Straße.

Den Altenwall nach dem Kanalufer zu verlegen fand Semper bedenklich und riet aus demselben Grunde auch von der Anlage des Bleichenquais ab, da sich aus beiden Straßen der Einblick in die Hinterhöfe der Gebäude öffnen würde. Ferner schlug er vor, den Mönkedamm mit Arkaden zu überwölben und als Fußweg zu behandeln, die Schleusenbrücke dagegen, die Lindley nur für Fußgänger projektiert hatte, für Wagenverkehr einzurichten, die Mühlen aus der Stadt hinaus zu verlegen, und mittels Schleuse die Schiffahrt zwischen Alster und Elbe zu ermöglichen. Bezüglich der mehrfachen Verbindungen mit St. Georg sprach er sich dahin aus, daß es zur Zeit unmöglich sei, die zukünftigen Erfordernisse zu übersehen und daß nach seiner Meinung beschränkte Grenzen für das Leben und für den innern Verkehr vorteilhafter seien, als willkürliche Erweiterungsfreiheit. Dagegen sei die Wiederherstellung aller drei Kirchen von vornherein bestimmt ins Auge zu fassen, wobei zur besseren Straßenführung an der Neuenburg eine Verschiebung der St. Nikolaikirche auch von ihm befürwortet wurde.

Was aber die Breite der Straßen beträfe, so betonte Semper, daß man hierin sehr leicht zu weit gehen könne. Die Kommission möge sich in dieser Beziehung wohl hüten, da der Stadt sonst der Schein der Lebenskraft und den Gebäuden jede imposante Wirkung genommen werde. Berlin z. B. sei leer und ermüdend trotz seiner Menschenfülle, und die ungeheuren Paläste entsprächen in ihrer Wirkung nicht den Aufwendungen, welche die Architekten bei ihrem Bau im Auge gehabt hätten. Auch seien die materiellen Nachteile, die größere Strenge des Winters und die empfindlichere Hitze des Sommers mit dem ins Unerträgliche vermehrten Staub zu bedenken.

Um seinen Gegenvorschlägen eine bestimmte Form zu geben, arbeitete Semper hierauf selbst eine Planskizze aus, welche wegen ihrer von den übrigen Vorschlägen völlig abweichenden Ideen interessant ist, und die wir deshalb nebenstehend mitteilen. Die alten Straßen um den Berg herum haben größtenteils ihre Lage behalten, aber für die St. Nikolaikirche und für das Rathaus sind zwei neue großartige Plätze geschaffen. Bei ersterem muß aber eingewendet werden, daß alle Waren, um vom Landungsplatz nach den Markthallen zu gelangen, erst um die Kirche herum getragen werden müssen, und bei letzterem, daß eine Fahrstraße zwischen dem Jungfernstieg und Adolfsplatz fehlt, da das von den Staatsgebäuden eingeschlossene Forum nur für Fußgänger passierbar sein sollte. Dasselbe ist umgeben gedacht von gedeckten Arkadenhallen, an denen

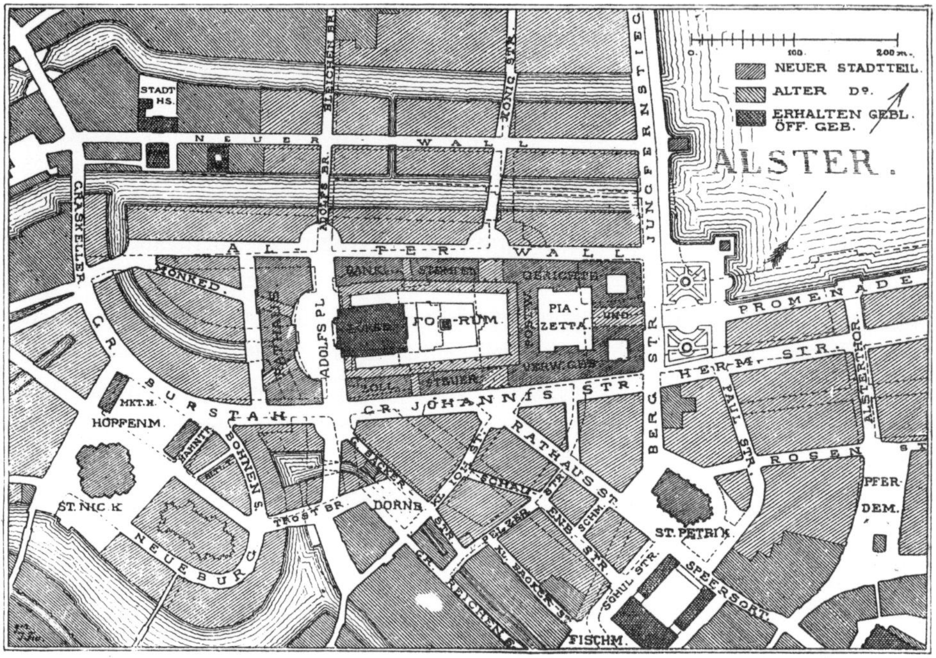

Professor Semper's Entwurf zum Wiederaufbau der Stadt.

in dem Erdgeschoß der Langseiten vermietbare Räume für Geldwechsler- und Maklerkontore, Kaffees 2c. entstehen sollten. Im Übrigen dachte Semper sich hier das Rathaus, die Gerichte, die Bank, die Post und die zugehörigen Behörden vereinigt. Vom Forum sollte man durch die Piazetta hinaus auf den Jungfernstieg gelangen, wo noch ein Denkmalplatz mit Anlagen, Springbrunnen 2c. zu schaffen gedacht war.

In den weiteren Beratungen, deren Schluß Semper nicht abwarten konnte, trat de Chateauneuf noch mit dem Gedanken hervor, am Glockengießerwall ähnlich wie auf der Esplanade eine zweite äußere Häuserreihe zu projektieren. Er fand aber ebensowenig Beifall, wie Klees Wülbern, der die unschönen, runden Ecken des Alsterdammes beseitigt wissen wollte, ein Moment, auf das auch Semper kein weiteres Gewicht gelegt hat. Die Kommission ging dann noch auf die Höhenlage der Straßen ein, wobei bestimmt wurde, daß der Straßenzug des Niederdamms: große Johannisstraße und großer Burstah, der zum Teil nur auf + 7,1 m lag, durchweg auf die sturmflutfreie Höhe von + 8,85 m gebracht werden müsse, und daß die Erhöhung der übrigen innerhalb des Niederdamms gelegenen niedrigen Straßenteile, wenn irgend möglich, gleichfalls zu beschaffen sei.

Nachdem Lindley die von ihm selbst zugestandenen Änderungen in dem Plan hinzugefügt hatte, wurde derselbe nebst einem Bericht und der Protokollabschrift am 28. Mai dem mit dieser Angelegenheit speziell beauftragten Ausschuß von Senat und Baudeputation überreicht. In dem Bericht ist außer den oben bereits ausgeführten Gesichtspunkten betont, daß bis zur Vollendung der neuen Vermessung und bis zur rechtskräftigen Annahme eines definitiven Stadtplanes noch mehrere Monate verfließen würden. Die Kommission empfahl daher dringend, inzwischen die Ausführung des bereits vorliegenden Lindley'schen Entwässerungs-, bezw. Bebauungsplanes des Hammerbrooks in Angriff zu nehmen. Besonders zweckmäßig erscheine es nach den jüngsten Erfahrungen, aus Feuersicherheitsgründen die Zimmerplätze des Borgesch nach dort zu verlegen, wodurch andererseits dann auch in guter Gegend wieder wertvolle Bauplätze gewonnen werden könnten. Ferner hob der Bericht die Wichtigkeit einer Erweiterung des erst 1838 wegen Durchführung des Bergedorfer Bahnbaues geschaffenen Expropriationsgesetzes hervor, empfahl die Beschlußfassung über ein allgemeines Sielprojekt, mindestens für alle Grundstücke des Brandterrains, und bat wegen der zukünftigen Einrichtung des Alsterstaus und der Mühlen um die Herbeiführung von Gutachten von Spezialtechnikern. Als Erweiterungen, die sich an das neue Straßennetz anschließen sollten, waren unmittelbar in Aussicht genommen ein Durchbruch von den großen Bleichen nach dem Großneumarkt (die spätere Wexstraße, eröffnet 1867), ein Durchbruch von der Königstraße nach dem Gänsemarkt (die spätere Gerhofstraße, eröffnet 1883) und ein Durchbruch von der Fuhlentwiete nach Bohnsplatz (die jetzige Stadthausbrücke, eröffnet erst 1889).

Während der Senat nach diesem Bericht der technischen Kommission die Propositionen für den Bürgerkonvent vom 16. Juni bearbeitete, trat die erstere sogleich in ihre zweite wichtige Aufgabe, die Beratung eines Baupolizeigesetzes, ein. Dieses Gesetz sollte zunächst für die innerhalb der Brandstätte zu errichtenden Neubauten Geltung haben, doch war gleich in Aussicht genommen, den Bereich desselben auch über die übrige Stadt und über die Vorstädte auszudehnen, sofern sich seine Bestimmungen bewähren würden. Diese waren anfänglich einfach genug. Es wurden hölzerne Vorsetzen und hölzerne Gesimse und Rinnen, sowie auch hölzerne Brücken für Schornsteine verboten. Alle Außenmauern sollten massiv und zwar nicht schwächer als $1^1/_2$ Stein stark hergestellt werden. Sperrmaße wurden in allen Straßen erlaubt, durften aber 0,9 m nicht überschreiten. Dagegen glaubte man die Anlage von Kasematten bis zum Rand der Trottoire und sogar die Herstellung von Kohlenschüttlöchern mit eisernen Deckeln unbedenklich gestatten zu können. Da eine andere Anordnung der Dächer als mit dem Giebel nach der Straße zugekehrt noch nicht erfunden war, so wurden wegen der sonst seitlich entstehenden sehr engen Rinnengänge Mansardendächer einfach verboten, dagegen sollten die Giebelmauern an den Rinnen all dieser Dächer bis 0,85 m über Traufhöhe aufgemauert und sorgsam abgedeckt werden. Für die Dächer wurde harte Bedachung verlangt, und der Asphaltdeckung vor aller andern der Vorzug gegeben, da solche sich beim Brande sehr bewährt hatte. Eine Schwierigkeit bildeten später noch die Einfallichter, durch welche, nach Meinung der Kommission, leicht brennende Teile von Nachbarhäusern in das Innere der Wohnungen und speziell auf die Treppen fallen könnten. Trotzdem Hübbe hiergegen auf das Nachdrücklichste bewegliche Klappen empfahl, die im Fall der Not zum Überdecken bereit liegen sollten, so riet die Kommission doch nur die Anordnung eines kupfernen Drahtgitters an, in der wohlbedachten Meinung, daß solche Klappen im entscheidenden Augenblick doch schwerlich in brauchbarem Zustande sein würden. Endlich verlangten die festgesetzten Bestimmungen, daß die Eingänge zu Wohnhöfen 2,3 m breit und 3,0 bis 3,5 m hoch sein sollten, wobei aber nicht ausdrücklich gesagt war, daß sie zu ebener Erde liegen müßten. Auf eine Höhenbestimmung der Häuser glaubte man verzichten zu können, da in der Regel kaum höher als 17 m gebaut werden würde, und nur an einigen Teilen des Rathausmarktes und der großen Johannisstraße, sowie am Adolfsplatz wurde die Innehaltung dieser Höhe zur Verkaufsbedingung gemacht. Als später dann mit dem Bauen vorgegangen wurde, gab es noch eine wichtige Ergänzung hinzuzufügen, indem die Besitzer der Häuser an Kanalfronten für die Kappung ihrer Pilotage die ehedem übliche Höhe von + 5,7 m bis 6,3 m für genügend erachten wollten. In Rücksicht auf die durch den Sielbau vermutlich zu befürchtende Senkung des Grundwasserstandes, sowie auf die in Aussicht genommene weitere Austiefung der Flethe setzte die Kommission daher fest, daß die Pfähle an den Kanalfronten auf + 2,6 m, und unter den anderweit künstlich fundierten Wänden auf + 4,9 m gekappt werden sollten. Zum spätern Schaden mancher Grundbesitzer sind diese Bestimmungen damals aber vielfach nicht strenge innegehalten worden. Eine weitere Ergänzung wurde bezüglich der Scheidewände nötig, als sich zeigte, daß dieselben von unten herauf nur aus Brettern herzustellen versucht wurden. Die Kommission schrieb dann vor, daß alle grundfesten Wände mindestens in ausgemauertem Fachwerk, alle Bretterwände aber beiderseits verputzt sein müßten. — Zur Durchführung dieser Bestimmungen ist auf Wunsch des Senats der Architekt Ludolff in das Amt eines Baupolizeiinspektors eingetreten.

Die Kommission hat in der Folge noch einen großen Teil ihrer Beratungen der Feststellung eines definitiven Baupolizeigesetzes für die Stadt und die Vorstädte gewidmet. Den Entwürfen wurden hauptsächlich die Gesichtspunkte des Bremer und des Kopenhagener Baugesetzes zu Grunde gelegt. Auch die Rat- und Bürgerdeputation ist von der Wichtigkeit der allgemeinen Einführung eines guten Baugesetzes fest überzeugt gewesen und hat den ganzen letzten Teil ihrer Sitzungen der Beratung über diesen schwierigen Gegenstand gewidmet. Aber mit großem Bedauern haben beide Körperschaften es erlebt, daß alle ihre wohlausgearbeiteten Vorschläge zweimal, sowohl am 15. wie am 29. Dezember 1845, gänzlich abgelehnt worden sind. Die Gründe, die in weiten Kreisen der Bürgerschaft hierfür maßgebend waren, kommen uns heute zwar seltsam vor. Es bestand z. B. ganz allgemein die Ansicht, daß eine strenge Bauordnung unsern „einmal vorhandenen vorzüglichen Löschanstalten" nicht entspreche. Auch fordere der zumeist schlechte Baugrund nur zum Bau von leichten Häusern auf. Für die gewöhnlich nur kleinen Bauten seien Zeichnungen oft entbehrlich, sodaß deren Forderung die Ausführung unnütz verteuere. Weiter fand man die Grundstücke zu klein für die verlangten $1\frac{1}{2}$ Stein starken Giebelwände, und falls man diese zur Feuersicherheit unerläßlich erachten wolle, so sei jedenfalls für die den Spritzen überall erreichbaren Fronten, das Fachwerk genügend. Sehr unberechtigt fanden die Bürger auch die Forderung massiver Treppenhauswände, da diese eine Einziehung der Treppenwände in in den obern Geschossen unmöglich, und der hier doch nur erforderlichen geringeren Stufenzahl wegen „eine ganz unökonomische Bauart" notwendig machten. Ferner schlußfolgerte man, daß es höchst ungerecht sei, von armen Leuten zu verlangen, daß auch ihre Schlafkammern Gipsdecken haben müßten, wogegen man doch reichen Leuten erlaube, ihre Zimmer mit den feuergefährlichsten Teppichen und Möbelmassen vollzupfropfen. Durchweg bestand auch die durch viele im Entstehen wieder gelöschte Brände freilich erhärtete Ansicht, daß kleine Wohnungen schon an sich wegen der dichteren Bevölkerung und der hierdurch vermehrten Aufsicht viel weniger feuergefährlich seien als große.

Infolgedessen haben die strengeren baugesetzlichen Vorschriften 24 Jahre lang nur für den Bezirk des abgebrannten Stadtteils Geltung gehabt, bis endlich unter berathender Teilnahme des 1859 gegründeteten Architektonischen Vereins (jetzt Architekten- und Ingenieurverein) das Baugesetz vom 3. Juli 1865 Annahme fand und mit dem 1. Januar 1866 in Kraft getreten ist. Immerhin unterscheidet sich auch dieses Baugesetz von allen übrigen deutschen Bauordnungen noch insofern, als es in Hamburg nicht der Genehmigung des Bauvorhabens, sondern auch jetzt noch nur der Anzeige desselben bei der Baupolizeibehörde bedarf.

5. Die Rat- und Bürgerdeputation.

Diejenige Behörde, in deren Hände nach dem Konventsbeschluß vom 16. Juni das finanzielle Zustandekommen des Wiederaufbaues Hamburgs und damit das Glück oder Verderben der Stadt für alle absehbaren Zeiten gelegt werden sollte, war die Rat- und Bürgerdeputation. Sie war berufen, um 1) unmittelbare definitive Beschlüsse zu fassen und auszuführen, über die Herbeischaffung der zur Bezahlung des Brandschadens errforderlichen und genehmigten Anleihe; 2) mußte von ihr die Erlaubnis zur Bebauung einzelner Grundstücke vor Genehmigung des Bauplans erteilt werden; sie hatte 3) die bau- und feuerpolizeilichen Vorschriften, sowie etwa dringende Zusätze und Modifikationen zu denselben zu erlassen und sie sollte 4) wegen der von der Unterstützungsbehörde anzuwendenden Prinzipien in der Verteilung der Gelder Entscheidung treffen. Ferner aber sollte sie außerdem Vorberatungen führen 5) über den Bauplan für den Wiederaufbau der Stadt, 6) über die Beschaffung der hierzu erforderlichen Geldmittel und für ein den Umständen angepaßtes Expropriationsgesetz; 7) erwartete man Vorschläge über die Fassung eines definitiven Baugesetzes und 8) über die notwendigen Verbesserungen der Löschanstalten.

Für diese Deputation waren berufen 5 Mitglieder des Senats und 14 Mitglieder der Bürgerschaft: nämlich 1 Oberalter, 1 Sechziger, 2 Verordnete der Kammer (Finanzdeputierte) und 2 Bürger aus jedem der fünf Kirchspiele. Gewählt wurden vom Senat 3 Juristen und 2 Kaufleute und von der Bürgerschaft 1 Jurist, 12 Kaufleute und 1 Architekt. Unter den gewählten 19 Mitgliedern hatten 7 ihre Wohnung bezw. Geschäftslokalitäten durch die Feuersbrunst eingebüßt, 12 waren nicht betroffen worden. Zu den gewünschten Ersatzmännern bestimmte die Bürgerschaft 1 Juristen, 2 Kaufleute und 2 Fabrikanten. Hiernach setzte sich die Rat- und Bürgerdeputation aus folgenden Mitgliedern zusammen:

Juristen: Dr. Wilhelm Amsinck, Syndikus,
Dr. Edward Bancks, Syndikus,
*Dr. Heinrich Kellinghusen, Senator,
Dr. Hermann Baumeister, aus dem St. Petri Kirchspiel.

Kaufleute: *Martin Johann Jenisch, Senator,
*Andreas Friedrich Spalding, Senator,
*J. J. N. Albrecht (i. F. Albrecht & Dill), Oberalter,
*Anton Diedr. Schröder (i. F. Christ. Math. Schröder & Co.), Sechziger,
C. W. Köhler (i. F. Robrahn Söhne), Kämmereibürger,
F. H. Suse (i. F. J. C. Jacobi & Suse), Kämmereibürger,
*Ed. Johns aus dem St. Petri Kirchspiel,
Joh. Amsinck, (i. F. Joh. Schuback & Söhne) a. d. Katharinenkirchspiel,
H. Geffcken (i. F. G. Lipmann & Geffcken) a. d. St. Katharinenkirchspiel,
C. J. Johns jr., a. d. St. Nicolaikirchspiel,
G. H. Kaemmerer a. d. St. Nicolaikirchspiel,
C. L. D. Meister a. d. St. Jacobikirchspiel,
Gust. Schmidt (i. F. J. A. Schmidt Söhne), a. d. St. Michaeliskirchspiel,
J. F. A. Wüppermann a. d. St. Michaeliskirchspiel.

Architekt: *Franz Georg Stammann a. d. St. Jacobikirchspiel.

Ersatzleute waren:

Jurist: Dr. Trummer a. d. St. Michaeliskirchspiel.

Kaufleute: J. C. Hinsch (i. F. J. Hinsch & Schlüter) a. d. St. Petrikirchspiel,
O. R. Schröder (i. F. Schröder & Eiffe) a. d. St. Katharinenkirchspiel.

Fabrikanten: H. C. Meyer jr. a. d. St. Nicolaikirchspiel,
J. D. W. Peters a. d. St. Jacobikirchspiel.

Am 18. Juni 1842 hat diese Rat- und Bürgerdeputation ihre erste Versammlung abgehalten. Zu ihrem Vorsitzenden wählte sie den Syndikus Dr. Amsinck und zum Protokollführer demnächst Dr. Schwartze, der für diese verantwortliche Stellung wegen der dafür erforderlichen Diskretion vor dem Senat vereidigt wurde. Er ergänzte die Zahl der Deputationsmitglieder auf 20, sodaß die Körperschaft im Volksmunde kurz „die Zwanziger" genannt wurde. Zur Bewältigung der vielen und wichtigen Aufgaben mußte sogleich die Ernennung einzelner Sektionen vorgenommen werden, in deren Versammlungen eine Vorbereitung der einzelnen Gegenstände stattfinden sollte, weil das Plenum ohnehin durch die dringendsten Fragen so außerordentlich in Anspruch genommen war, daß während der ganzen ersten Zeit einen Tag um den andern Sitzungen

*) Die mit Stern bezeichneten Mitglieder haben ihre Wohnungen bezw. Geschäftslokalitäten bei dem Brande eingebüßt.

stattgefunden haben, die stets gegen 3 Stunden währten.[1]) In dieser Weise wurden erwählt zur Vorerörterung des Expropriationsgesetzes: Syndikus Dr. Bancks, Senator Dr. Kellinghusen, Dr. Baumeister und C. Johns; für die Bauordnung: Syndikus Dr. Amsinck, Oberalter Albrecht und F. G. Stammann; für die Löschanstalten: Senator Spalding, C. J. Johns und Wüppermann; für das Bauwesen: Syndikus Dr. Bancks, Senator Jenisch, Suse, Amsinck, Geffcken, Meister und Stammann; für das Finanzwesen: Syndikus Dr. Amsinck, Senator Jenisch, Köhler, Schröder und Kämmerer. Man sieht, daß viele Mitglieder in zwei und mehrere dieser Sektionen gewählt waren, und mag hieraus entnehmen, wie sehr die Zeit derselben in Anspruch genommen gewesen ist. Berücksichtigt man hierneben, daß nicht nur die Senatsmitglieder, sondern auch eine ganze Reihe der übrigen Herren außer ihrer Zugehörigkeit zu dieser Deputation noch in anderweiten Ämtern nach wie vor dem Staate dienten, so liegt darin gewiß ein hohes Zeugnis für den opferfreudigen Gemeinsinn, der unserem republikanischen Staat von seinen Bürgern bethätigt wurde.

Die erste große Arbeit der Zwanziger war die Einzelfeststellung des neuen Bebauungsplanes, bezüglich dessen inzwischen noch vielfache andere Ideen hervorgetreten waren. Nur erwähnen können wir, daß u. a. zum Beispiel der Architekt Friedrich Stammann hierselbst[2]), Schloßbaumeister Rabe in Berlin und Ingenieur Holmes in London Pläne ausgearbeitet hatten. Da die Rat- und Bürgerdeputation allein in dieser Sache nichts entscheiden wollte, so kamen jene Vorschläge alle an die technische Kommission zur vorgängigen Begutachtung und Rückäußerung. — Aus dieser hat Hübbe seiner Amtsgeschäfte wegen von Anfang Juli 1842 bis Mitte Januar 1843 ausscheiden müssen. Auch Lindleys Einfluß hat sich später nur noch einmal und zwar bei Verhandlung der Sielfrage nachhaltig geltend gemacht. Neu hinein berufen wurde dagegen der Architekt Karl Friedrich Reichardt, 1803 bei Halle geboren. Er war ein Schüler Schinkels,

[1]) Wir geben hierunter eine Übersicht der Verteilung der 197 Versammlungen, welche die Rat- und Bürgerdeputation gehalten hat:

	Jan.	Febr.	März	April	Mai	Juni	Juli	Aug.	Sept.	Okt.	Nov.	Dez.	
1842	—	—	—	—	—	5	12	14	9	10	9	7	66
1843	7	7	9	8	6	4	4	5	5	4	5	4	68
1844	4	3	5	3	3	3	3	1	3	1	2	3	34
1845	1	2	1	1	2	3	1	1	2	2	6	7	29

[2]) Siehe Frd. Stammann, Skizze zum Wiederaufbau des abgebrannten Teiles, 2 Pläne nebst Text. — Ein Plan auch abgedruckt in: Hamburg's neueste Zeit (von Gallois) Hamburg 1862. — Stammann wünschte ganz besonders, Rücksicht auf den Bau von vielen kleinen Wohnungen zu nehmen.

der nach Absolvierung seiner Studien 7 Jahre lang sich auf weiten Reisen, besonders auch in Amerika befunden hat. 1840 kam er nach Hamburg. Der technischen Kommission hat er mit großer Hingebung seine Arbeitskraft gewidmet, bis er im Februar 1843 abberufen wurde, um den Sitzungen der Rat- und Bürgerdeputation als Sachverständiger beizuwohnen.[1])

Folgen wir nun den Arbeiten der beiden Körperschaften, so ist es zunächst die Frage wegen der Alstermühlen gewesen, durch deren vorgängige Entscheidung die Grundlagen für die weiteren Einzelheiten der Planbestimmung erst geschaffen wurden. Die Mühlen hatten ehedem eine wichtige Bedeutung, nicht nur, daß man es für einen unverzeihlichen Verlust erachtet hätte, den erreichbaren Wasserstau der Alster nicht möglichst auszunutzen, sondern auch der Accise-Verhältnisse wegen war es für den Staat einträglicher, wenn ein wesentlicher Teil des erforderlichen Brotkorns innerhalb der Stadt vermahlen wurde. Um die verfügbare Kraft daher möglichst auszunutzen, hatte man die Stauhöhe der Alster in zwei Teile geteilt und betrieb am Oberdamm (auf der Reesendammsbrücke) 3 Mühlen und am Niederdamm (auf der Mühlenbrücke, zwischen dem Burstah und der großen Johannisstraße) 2 Mühlen. Alle 5 zusammen besaßen 13 Mühlräder, bezw. Mahlgänge. Die Konstruktion war sehr unökonomisch, denn das Vermahlen von 1 Htl. Getreide erforderte 1530 Kbm Wasser, sodaß das Mahlen von 150 Htl. Getreide den Wasserspiegel der Alster um 0,1 m senkte. Außer den Mühlen aber konsumierten die beiden Räder der Wasserkunst, die auch mit großer Verschwendung arbeiteten, noch einen erheblichen Teil des Wassers. Der Stau mußte deshalb sowohl wegen der bestehenden Teilung desselben für die Ober- und Niederdammmühlen, wie auch wegen des Verbrauchs an und für sich, möglichst hoch gehalten werden, und derselbe war während der Wintermonate auf + 7,45 m, im Sommer auf + 6,9 m normiert. Vielfach konnte diese Höhe aber nicht gehalten werden. Daher erreichte das Wasser im Sommer oft nur + 6,5 m im Durchschnitt, ja es sank in trockenen Jahren sogar zuweilen bis unter + 6 m.[2]) Diese beträchtlichen Wasserstandsdifferenzen, die Unterschiede von bis zu anderthalb Metern mit sich brachten, mußten selbstverständlich für die umliegenden Landschaften weitgehende Übelstände mit sich führen. Ganz abgesehen von dem niedrigen Vorland in Harvestehude und an der oberen Alster wurden große Strecken der Uhlenhorst und der Wiesen bei der Kuhmühle im Winter unter Wasser gesetzt. Dieselben bildeten im Sommer feuchte Sümpfe, und man war auch dann vor Überschwemmungen nicht durchaus sicher,

---

[1]) Siehe C. F. Reichardt, die Wahl des Plans, Hamburg 1842.

[2]) Siehe hierüber Neddermeyer, Topographie, Hamburg 1832.

denn die Müller suchten bei plötzlich vermehrtem Oberwasser stets den Zufluß nach Möglichkeit zurückzuhalten, um für längere Zeit damit arbeiten zu können. — Nach eingehender Erwägung mit dem Mühlenmeister Nagel war nun die Überzeugung herbeigeführt, daß die Alster, trotz solcher Forcierung der Stauhöhe, für eine doppelte Mühlenanlage doch immer nur notdürftig ausreichendes Wasser besitze. Dagegen war andererseits erwiesen, daß unter Verwendung der Fourneyronschen Kreiselräder an Stelle der vertikal arbeitenden Mühlräder das bisher gemahlene Quantum in einer einzigen Mühle und mittels einer noch unter den Sommerpaß zu erniedrigenden Stauhöhe mußte fertig geschafft werden können.[1]) Da nun seit dem Brande das Alsterwasser durch die Gerinne der abgebrannten Mühlen frei abgelaufen war, und man die anderweiten Vorteile einer Senkung des Alsterwasserspiegels hiernach empfunden haben mochte, so wurde zur Messung des bei niedrigerem Stau durchströmenden Wasserquantums Mitte Juni 1842 eine provisorische Stauvorrichtung auf + 6,7 m Höhe eingebaut. Dieselbe ist zugleich benutzt, um ein eingefügtes Notrad der Wasserkunst in Betrieb zu setzen. Der Versuch entsprach den Erwartungen, und wir verdanken ihm heute die ungeheuren Vorteile des dauernd auf 6,5 bis 6,6 m gehaltenen Alsterspiegels. Erst durch diese Senkung ist es möglich geworden, die Uhlenhorst und die übrigen umliegenden Gebietsteile in bebaubaren Zustand zu bringen.

Eine weitere Frage für die Kommission war diejenige über den Ort, wo die Mühle erbaut werden sollte. Lindley hatte die Anlage derselben auf der Reesendammsbrücke anfänglich beibehalten und die Schleuse unterhalb des bis an den Jungfernstieg durchgeführten Bleichenkanals projektiert. Hiergegen wandte Hübbe ein, daß die naturgemäße Durchfahrt nach der Graskellerschleuse unter der Reesendammsbrücke liegen müßte, und für die Mühle kamen dann Plätze an der Adolfsbrücke, Ellernthorsbrücke 2c. in Vorschlag. Da man hierbei aber das damals schon für praktisch erachtete Zwischenbassin mit halber Stauhöhe, dessen Vorhandensein für die Regulierung des Alsterwasserspiegels gegenwärtig von ganz unberechenbarem Wert ist[2]) wesentlich beschränkt oder ganz eingebüßt hätte, so verfiel die Kommission endlich auf den Platz an der Poststraßenbrücke, der als wohlgeeignet bezeichnet werden muß;

[1]) Das Gesamtquantum, welches die 5 ehem. Mühlen zu liefern vermochten, betrug 3500 Last oder 115 500 Htl. pro Jahr, wogegen sich der hiesige Konsum an Brodkorn zu Anfang der vierziger Jahre auf 230 bis 260 000 Htl. belief. Die Pachtsumme, welche die Mühlen nebst den Wohnungen der Müller eingebracht hatten, betrug 12 000 M.

[2]) Siehe: Roeper, Erweiterungsbau der Schleusenbrücke, Deutsche Bauzeitung 1891, Seite 405, 413 und 417.

denn nicht nur konnte hiernach die sehr wertvolle Häuserreihe am Jungfernstieg ununterbrochen durchgeführt werden, sondern man gewann andererseits durch das ablaufende Mühlentriebwasser auch eine nachhaltige Spülung für das Bleichenfleth, welches vor dem Brande völlig versumpft war, sodaß die Anwohner sogar wünschten, daß es zugeschüttet werden möge. Für die Schleuse wurde dann nach weiteren Erwägungen nicht die Reesendammsbrücke, sondern die Schleusenbrücke bestimmt, wobei allerdings der Grund, daß der Anblick der kleinen Alster, durch ihren in Höhe der Binnenalster gehaltenen Wasserstand, ein unschätzbar viel schönerer geworden ist, nicht ins Gewicht fiel.

Auf die weitere Ausgestaltung des neuen Stadtplanes haben die Verhandlungen der Rat- und Bürgerdeputation den entscheidendsten Einfluß ausgeübt. Durch sie ist der erste wesentliche Schritt zu dem späteren definitiven Plan auf Anraten des Architekten F. G. Stammann herbeigeführt, der die Häuser des Altenwalls bis an den Kanal zurückschob, sodaß die Straße ihre jetzige Lage erhielt. Einen schnellen Fortgang nahmen die Arbeiten dann, als der erste Teil der großen Meßtischblätter von Geometer Nagel[1]) mit Einzeichnung der einzelnen Grundstücke vorlag, und als nunmehr mit Rücksicht auf den wirklichen Bestand des Privatgrundbesitzes gearbeitet werden konnte. Außer den vielfachen Verschiebungen, welche die Platzeinteilung zwischen Hopfenmarkt und Neueburg hiernach erfahren hat, ist es besonders die veränderte Stellung des Rathauses, durch welche der bemerkenswerteste Fortschritt in der Anordnung des Bauplanes herbeigeführt wurde. Auch dieser Gedanke ist im Schoße der Rat- und Bürgerdeputation Ende Juli zuerst aufgetaucht und daraufhin erst von der Kommission weiter bearbeitet. Der Plan der letzteren vom 3. August enthält bereits alle Grundzüge der Anlage des neuen Stadtteiles.

Es hatte sich einerseits im Südosten der Börse der Adolfsplatz gebildet, der sich genau in der Börsenaxe zum Eingang in den Mönkedamm öffnet. Im Nordwesten war das Rathaus im Prinzip seiner jetzigen Grundform entsprechend projektiert. Vor demselben ist der große Platz und der reizvolle Durchblick nach der Alster gewonnen. Die kleine Alster hatte zwischen Reesendammsbrücke und Schleusenbrücke die Verbreiterung erhalten, die für sie gegenwärtig vom praktischen Standpunkt ebenso unentbehrlich, wie vom ästhetischen wichtig ist. An beiden Seiten derselben sollten Quaistraßen erbaut werden, von denen die rechtsseitige nur für Fußpassage gedacht war, und später auf Vorschlag von de Chateauneuf und Reichardt zu den Alsterarkaden ausgebildet ist,

[1]) Diese Pläne sind von Speckter & Co. lithographiert, aber nur in wenigen Exemplaren abgedruckt. Sie zeigen den vom Brand zerstörten Stadtteil in 1:1000 der nat. Größe und sind in unserm Plan des zerstörten Stadtteiles in 1:4000 wiedergegeben.

einem Weg, der noch heute Jeden entzückt und der in seiner wirklichen Ausführung für jene Zeit um so mehr als großartig bezeichnet werden muß, wenn man erwägt, welche Kosten der Staat mit seiner Anlage aufzuwenden hatte, ohne sicher wissen zu können, ob der spätere Verkauf dieser Grundstücke solchen Aufwand rechtfertigen werde; denn die Plätze des ehem. hier belegenen Voglers Wall gehörten zu den mindestwerten der ganzen Stadt. Eine ähnliche Quaistraßenanlage, die zwischen der Bleichen- und Poststraßenbrücke projektiert war, ist später aus Sparsamkeitsrücksichten unterblieben.

Zwischen der Bäckerstraße und Rathausstraße war ferner das wichtigste Moment die Einführung der jetzigen Schauenburgerstraße, deren Lage in der Axe der Säulenhalle des Johanneums geplant wurde, und was endlich den Stadtteil nordwestlich vom Jungfernstieg anbelangt, so hatte die Rat- und Bürgerdeputation gewünscht, daß die Rosenstraße ihre alte Lage behalten solle. Für den Stadtteil an und für sich gestaltete sich der Plan durch diese beiden Änderungen auch sicher vorteilhafter. Faßt man aber den Verkehr ins Auge, wie er sich zwischen Rathausmarkt und St. Georg gegenwärtig entwickelt hat, so muß entschieden bedauert werden, daß infolge ihrer ungünstigen Durchführung weder die Schauenburgerstraße, noch die Raboisen und die Rosenstraße für die Aufnahme eines wesentlichen Teils desselben geeignet projektiert sind, und daß daher die große Johannisstraße, die Hermannstraße und die Ferdinandstraße jetzt durch die Konzentration des gesamten Verkehrs belastet werden. Ferner ist es zu bedauern, daß die Paulstraße in ihrer alten Lage geblieben ist, in welcher sie gleichfalls den Verkehr in keiner Weise zu gute kommt. Erst durch einen Straßendurchbruch durch den großen Häuserblock zwischen Rosenstraße und Speersort hätte der Pferdemarkt in der Verlängerung der Breitenstraße einen wirklich ausreichenden Zugang erhalten und erst durch eine gerade Verbindung zwischen der Rosenstraße und der Trostbrücke wäre die Teilung des Verkehrs wirklich erreicht gewesen, die wir heute vergebens erstreben. Schon die Benutzungsart der Grundstücke zwischen der Paulstraße und der St. Petrikirche, wo sich noch jetzt inmitten der wertvollsten Stadtgegend Lagerräume und Ställe befinden, muß jedem dafür Zeugnis ablegen, daß der neue Stadtplan hier seine schwächste Stelle aufweist.

Andererseits vollzogen sich aber mehrere nicht unwichtige Verbesserungen des Planes. Vor allem wurde an der Endstrecke der Rosenstraße nach ihrem Zusammentreffen mit der Lilienstraße, unter wesentlicher Aufopferung teuren Grundbesitzes, der stattliche Georgsplatz geschaffen, dessen heutiger Wert damals noch von Niemandem vorausgesehen werden konnte, ohne den aber jetzt der Eingang in die Stadt an jener Stelle kaum gedacht werden kann. Weiter sei

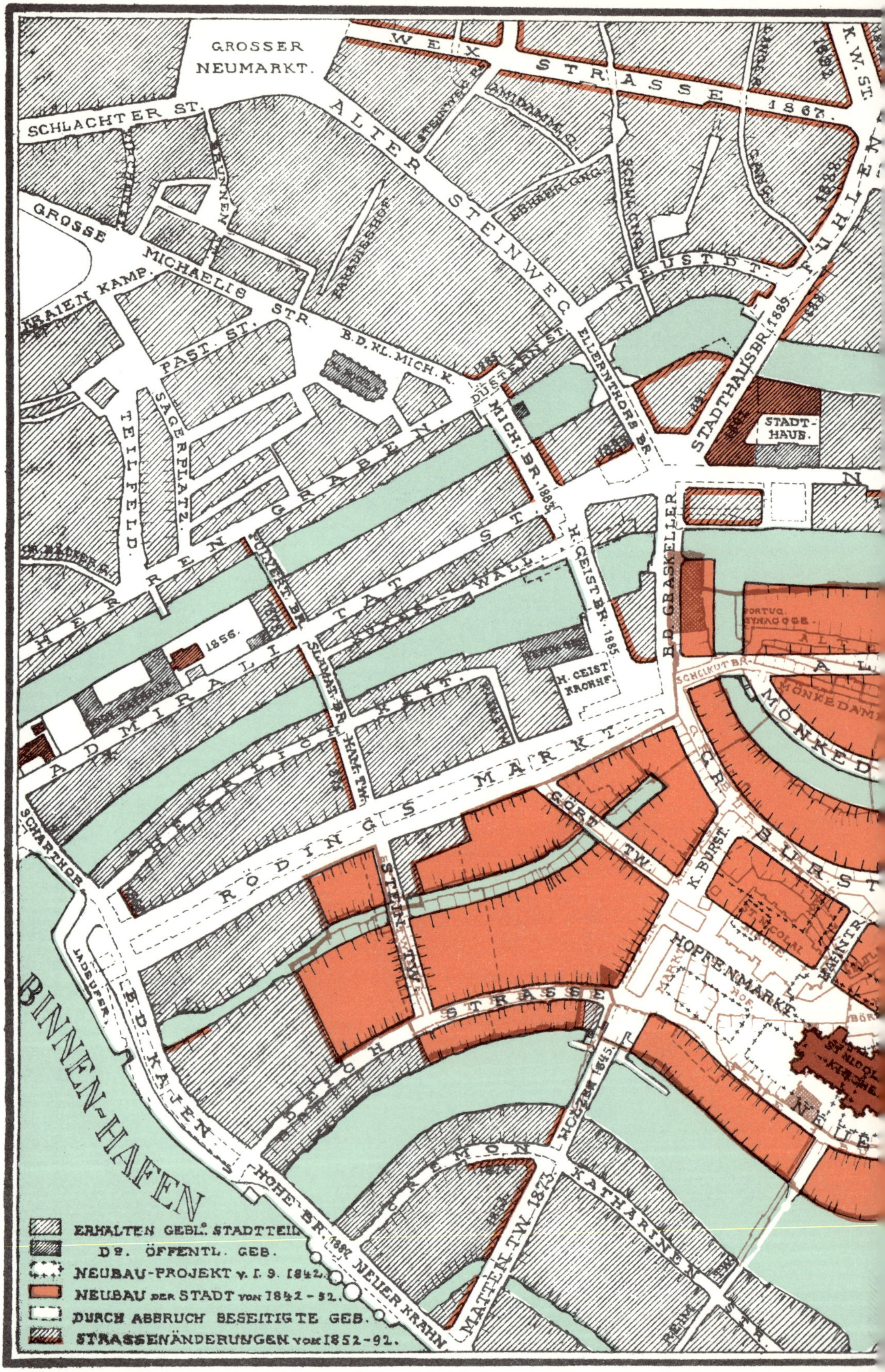

Otto Meissner, Hamburg 1892.

Photolithographie v. Strumper & Co. Hamburg.

auch der gegen Lindleys Plan verbesserten Stellung der Markthalle und der in die axiale Lage gerückten Straße Alsterthor Erwähnung gethan, mit deren Verbreiterung auf 28,5 m man damals aber weder an und für sich einen freien Platz schaffen, noch der Gegend den sie jetzt auszeichnenden Stempel der Vornehmheit verleihen, sondern einzig und allein Vorsorge treffen wollte, daß bei zukünftigen Bränden nicht wieder durch Verstopfung der nächsten Zugangsstraße der Weg für die Wasserkopen nach der Alster versperrt werde. Der letzte freie Platz endlich, der Dornbusch, verdankt seine Entstehung lediglich der unermüdlichen Beharrlichkeit der technischen Kommission. Die Rat- und Bürgerdeputation ist einstimmig der Meinung gewesen, daß es geradezu Verschwendung sei, so nahe beim Rathausmarkt den kostbaren Grund und Boden zu einem weiteren freien Platz auszulegen. In den mehrfach hin- und hergepflogenen Verhandlungen wurde hervorgehoben, daß das eine Zeitlang für diesen Platz in Aussicht genommen gewesene Postgebäude einigen Anlaß zu seiner Erweiterung gegeben haben könnte, daß dies aber doch jetzt an der Poststraße erbaut werden solle. Da indeß die Kommission bei ihrer Ansicht blieb, gingen die Verhandlungen weiter und sind endlich erst im Herbst d. J. 1843 zum Abschluß gelangt.

Eine besonders wichtige Überlegung wurde wegen der Straßenbreiten erforderlich. Sempers Meinung über diesen Punkt ist bereits oben mitgeteilt. Lindley hatte seinem Projekt 3 Klassen von Straßen 11,5 m, 14,3 m und 17 m breit zu Grunde gelegt. Die Rat- und Bürgerdeputation war geneigt, die Breiten womöglich noch etwas einzuschränken, hat sie dann aber bestehen lassen. Ein Maßstab konnte höchstens aus den Straßen der Neustadt entnommen werden, deren Breite durchweg als reichlich bemessen erscheinen mußte. Hier waren als verkehrslose Straßen z. B. die Peterstraße, die Marktstraßen und Marienstraßen 12,5 m breit, in der Stadt die Hohen Bleichen nur 10 m; daraus bildete auch die Kommission das Mittelmaß von 11,5 m für die Nebenstraßen. Die sehr verkehrsreichen Steinwege haben eine Breite von 15 m. Dies schien für die Hauptstraßen zu knapp. Da aber fast der gesamte Verkehr von der Johannisstraße und dem Burstah später auch die Steinwege passiert, so konnte es auch nicht ratsam erscheinen, den ersteren Straßen eine sehr bedeutend viel größere Breite zu geben, und das Maß von 17 m wurde als durchaus entsprechend beibehalten. In derselben Breite wurden auch Hermannstraße und Ferdinandstraße ausgelegt, die die technische Kommission als spätere Omnibuslinien bezeichnete. Die mittlere Breite erhielten die Schauenburgerstraße, die kleine Johannisstraße, die Rosenstraße, die Raboisen rc. Das kleinste Maß bekamen die Lilienstraße, Brandsende, Gertrudenstraße, das südwestliche

Ende der Raboisen, die Paulstraße, die Schmiedestraße, Pelzerstraße 2c. Für alle diese Straßen mittleren und kleinsten Maßes dürfte die gewählte Breitenbestimmung auch noch jetzt als ganz ausreichend bezeichnet werden können, daß aber andererseits der Neuewall und die Großen Bleichen infolge von Einspruchserhebungen gegen die Expropriation statt 14,3 m sogar nur eine Breite von 13,5 m erhalten haben, ist lebhaft zu bedauern und daß die Große Bäckerstraße, die Schleusenbrücke, die Poststraße, die Adolfsbrücke und die Bleichenbrücke nur mit dem Mindestmaß von 11,5 m bedacht sind, das ist ein schwerwiegender Fehler und kaum läßt es sich heute verstehen, wie es damals möglich gewesen ist, daß man diesen wichtigen Straßen nur die Rolle von untergeordneten Verbindungswegen zuerteilen zu brauchen glaubte. Berücksichtigt man aber, wie über jede 10 zm Mehr- oder Minderbreite einzelner Straßen zwischen den beiden in Rede stehenden Körperschaften wie auch mit den anliegenden Besitzern die weitläufigsten Verhandlungen durchgekämpft werden mußten, so dürfen wir uns sicher umsomehr über die großen Errungenschaften freuen, die wirklich erreicht sind, als sie in einem Augenblick geschaffen wurden, wo nicht nur ein dringendes Bedürfnis dafür garnicht fordernd mitwirkte, sondern wo auch die künftige Entwickelung der Stadt und ihres Verkehrs noch völlig in Dunkel gehüllt war. Besonders ist in dieser Beziehung auch nochmals auf die 17 m breiten Hauptstraßen hinzuweisen, für welche man solche Abmessung derzeit teilweise als eine ganz übermäßige anzusehen berechtigt war. Niemand konnte den gegenwärtigen Verkehr z. B. der Hermannstraße und Ferdinandstraße auch nur ahnungsweise voraussehen, und wie schon oben angedeutet, ist auch hier der Fehler weit weniger in der zu geringen Breite als darin zu suchen, daß die Lage der Parallelstraßen keine Teilung des Verkehrs möglich macht. Wenn es aber für die Anlage jener andern zu gering bemessenen Straßen eine Entschuldigung geben kann, so sei in dieser Beziehung nur auf die erst 1867 erbaute Werstraße hingewiesen, die sogar nur eine Breite von 10,5 m erhielt und die dann schon während ihrer Bebauung und leider ohne daß es noch möglich war, dem Fahrdamm ein größeres Maß zu geben, in der mittleren Strecke auf 14 m erweitert werden mußte.

Was endlich die Benennung der neuen Straßen[1]) anbetrifft, so hat die technische Kommission empfohlen, lauter neue Bezeichnungen zu wählen, weil sonst Verwirrung entstehen müsse. Alle Hamburger freuen sich aber gegenwärtig sicher über die Pietät der Rat- und Bürgerdeputation, welche dennoch beschloß,

---

[1]) Siehe hierüber u. a. den Freischütz, z. B. vom 8. Juli 1843 und bezgl. der alten Straßennamen: Neue Hamb. Blätter 1845.

die alten Straßennamen, abgesehen von Zuchthausstraße und ähnlichen für die Anwohner anzüglichen Bezeichnungen, nach Möglichkeit zu bewahren. Immer wird uns aus ihnen eine unauslöschliche Erinnerung an das alte Hamburg entgegenleuchten, dessen wir gern und mit stolzer Freude gedenken. — In neuer Weise dagegen wurde die Numerierung der einzelnen Häuser bewerkstelligt, indem in allen Straßen des neuen Stadtteils die Nummern nicht fortlaufend, sondern rechts und links mit den ebenen und unebenen Zahlen wechselnd angebracht sind.

Während die technische Kommission diese Spezialdurcharbeitung des Bauplanes für den neuen Stadtteil zu Ende führte, ist die Rat- und Bürgerdeputation mit der Erledigung ihrer weiteren wichtigen Aufgaben beschäftigt gewesen. Sie hatte zunächst die Kontrahierung der Feuerkassenstaatsanleihe im Nominalbetrage von 51 Mill. M. durch Ausgabe von Anteilscheinen zu 1500 M. und 3000 M. zu einem Kurs von 93 % und gegen eine Verzinsung von $3^1/_2$ % mit größerem Glück bewerkstelligt, als man vorher für möglich erachtet hatte. Ende Juli waren bereits über 40 Mill. M. gezeichnet. Unter den Hauptabnehmern müssen hervorgehoben werden: Salomon Heine hierselbst mit 10,5 Mill. M., die königliche Seehandlung in Berlin mit 4,5 Mill. M., Gebrüder Schickler, F. M. Magnus und Mendelsohn & Co. in Berlin, sowie Oppenheimer & Warschauer in Königsberg mit je 3 Mill. M. und Rothschild in Wien und Geheimrat Robert in Königsberg mit je 1,5 Mill. M. Für die hiesigen Kapitalisten waren 4,5 Mill. M. reserviert, die aber wesentlich überzeichnet wurden, den Restbetrag hatte der Staat sich selbst vorbehalten später zu Markte zu bringen, und derselbe hat hiermit durch Kursgewinn einen Vorteil von 788 000 M. erzielt. Dieses Ergebnis erregte umsomehr Staunen und Freude, als der ganze übrige Geldmarkt sich an allen Börsen zu jener Zeit unschlüssig und in sinkender Tendenz zeigte, durch den plötzlichen Tod, der den Herzog Ferdinand Philipp von Orleans, den Thronerben Frankreichs, durch seinen unglücklichen Sturz aus dem Wagen am 13. Juli ereilt hatte. — Ferner lag es der Rat- und Bürgerdeputation noch ob, die Bestimmungen des für die eigentliche Durchführung des Bauplans höchst wichtigen Expropriationsgesetzes durchzuarbeiten; denn das erste derartige Hamburgische Gesetz, welches 1838 für die Enteignungen zwecks Durchführung des Bergedorfer Bahnbaues ins Leben gerufen war, mußte dem jetzt vorliegenden Fall gegenüber als durchaus unzureichend erkannt werden. Die neuen Vorschläge der Deputation aber haben sich später so sehr bewährt, wie dies für ein solches Gesetz, dessen Durchführung nach irgend einer Richtung unter allen Umständen Härten für einzelne Betroffene mit sich bringen muß, überall nur möglich ist. Wir werden unten sehen, wie auch die Geldmittel für die Durchführung des Bauplanes von der Deputation auf das Zweckmäßigste erwogen waren, indem hierfür nur ein Teil der Anleihegelder als Koulanzefond dienstbar gemacht zu werden brauchte. Von ihrem Recht, schon vor Annahme des Bauplans Bauerlaubnisse zu erteilen, haben die Zwanziger in über 50 Fällen Gebrauch gemacht. Bezüglich ihrer Vorschläge für das Baugesetz aber ist oben bereits gesagt, daß ihnen der schließliche Erfolg nicht zu teil geworden ist, und was die Verbesserungen des Löschwesens betrifft, so konnten sie ebenfalls nur stückweise zur Verwirklichung gebracht werden, und besonders wurde am 20. Februar 1843 der Antrag auf Anstellung eines Direktors der Löschanstalten von der Bürgerschaft verworfen.

Inzwischen war der umgearbeitete Bebauungsplan am 16. August von der Kommission an die Rat- und Bürgerdeputation gelangt, kurze Zeit darauf hatte auch diese ihre Vorlagen vollendet, unverweilt erklärte sich der Senat mit dem Plan und den Gesetzesvorschlägen einverstanden und zum Donnerstag den 1. September, 11 Wochen nachdem die Deputation erwählt war, konnte die lang ersehnte Berufung des Bürgerkonventes erfolgen, welcher all diesen Vorschlägen Gesetzeskraft verleihen sollte. Es waren wiederum 5 Vorlagen, die der Senat eingebracht hatte, nämlich der Plan zum Wiederaufbau der Stadt, das Expropriationsgesetz, der Vorschlag zur Anschaffung der für dessen Durchführung erforderlichen Geldmittel, die Verbesserung der Alstermühlen und das Lindleysche Projekt zur Entwässerung und Bebauung des Hammerbrooks.

Alle Propositionen E. H. Rats sind genehmigt. Über die Stimmung, in welcher man diesen entscheidenden Augenblick herannahen sah, ist uns in einem Erinnerungsblatt des spätern Oberalten J. C. Hinsch (in Firma Hinsch & Schlüter) das treffendste Bild aufbewahrt. „Nicht ohne große Besorgnis für Verwerfung der Anträge konnte der gebildete Teil der Bürger Hamburgs dem bevorstehenden Konvent entgegensehen. Sollte doch fast die Hälfte der durch den großen Brand ihrer Wohnungen Beraubten einen Beschluß fassen, durch dessen Annahme sie nicht wieder in den Besitz des ihnen lieb gewordenen Domizils gelangen konnten, und so sehr anderweit auch gebieterische Umstände gegen die Ablehnung der Anträge sprechen mochten, so war man sich doch dessen völlig bewußt, daß es sich hier um ungeheure Opfer handelte, die sowohl vom Staat, wie von den Bürgern für die Durchführung der großartigen Umgestaltung zu bringen sein würden."

Aber der Verlauf des Konventes selbst[1]) machte all diese Besorgnisse zu Schanden, denn „an diesem Tage haben sich Hamburgs Bürger in ihrer wahren

[1]) Besucht war der Konvent des 1. September 1842 von 649 Personen. Die Verhandlungen konnten etwa um $11^1/_2$ Uhr ihren eigentlichen Anfang nehmen, die Abstimmungen waren um $4^1/_4$ Uhr erledigt, und um 6 Uhr gingen die Bürger auseinander.

Größe gezeigt, und durch ihre Haltung und ihre Stimmenabgabe alle diese Befürchtungen vernichtet. Alle waren durchdrungen von dem unerschütterlichen Vertrauen, welches die Bürger für die aus ihrer eigenen Mitte erwählte Deputation beseligte. Ja, sogar mehrere durch die bevorstehende Expropriation besonders hart Betroffene haben sich nur in sehr loyaler Weise geäußert und die feste Überzeugung bewahrt, daß die Deputation alle ihr irgend möglichen mit dem Gemeinwohl verträglichen Modifikationen bei der Durchführung anwenden werde.

„Somit haben die großartigen Ideen zum Wiederaufbau des eingeäscherten Stadtteils festen Boden erhalten und ich bin überzeugt, daß die Folgen davon für mein teures Hamburg von der wohlthuendsten Art, sowohl für Handel und Gewerbe, als auch für Sicherheit gegen Brand und für Gesundheit und Heiterkeit im Geschäftsleben sein werden.

„Recht augenfällig wird sich dieses alles aber wohl erst herausstellen, wenn ich nicht mehr bin, und wenn meine jungen Verwandten diese Zeilen lesen."

6. Die Enteignung und der Wiederverkauf des Grundbesitzes.

Nachdem der neue Stadtplan Annahme gefunden hatte, war es die wichtigste Aufgabe der Rat- und Bürgerdeputation, die geplante Enteignung des Grundbesitzes wirklich zur Durchführung zu bringen. Ein Schätzungsgericht, aus 16 angesehenen Bürgern bestehend, wurde eingesetzt, und sollte sich in 3 Sektionen teilen, die jede unter dem Vorsitz eines graduierten Mitgliedes des Niedergerichts für sich arbeiteten.[1]) Als Berufungsinstanz für einen nach seiner Meinung benachteiligten Grundbesitzer diente nach Schätzung durch eine der Sektionen der Ausspruch der vereinigten 2 andern. Hiernach konnte derjenige, zu dessen Nachteil die Abänderung des ersten Ausspruches gereichte, sich inbetreff des abgeänderten Punktes zu einem endgültigen Urteil nochmals an dieselben 2 Sektionen wenden. Gebühren und Stempel sind bei diesem Verfahren nicht erhoben, aber auch die von den Beteiligten etwa aufgewendeten Kosten ihnen nicht ersetzt. Trotz der Annahme eines solchen gewissermaßen höchst einfachen Verfahrens hat es doch den Aufwand einer ungeheuren Arbeitssumme und das ganze Jahr 1843 erfordert, für die gänzlich zu enteignenden 750 Grundstücke alle die einzelnen Ansprüche an Platzwert, an Ruinenwert, an Feuerkassenansprüchen, an Ablösung der verschiedenen Gerechtsamen 2c. festzustellen. Auf die Herbeiführung der Einwilligung der hypothekarischen Gläubiger hatte man geglaubt, wegen des hierüber ins Unverantwortliche wachsenden Zeitaufwandes verzichten zu müssen. Es sollten deshalb alle Beschwerungen vom Staat sogleich bar ausbezahlt werden; den Restbetrag konnten dann die Grundbesitzer kontant beanspruchen. Da dieselben aber dieses Geld zumeist erst nach Erwerbung eines neuen Grundstückes nötig hatten, so war die Einrichtung getroffen, daß die Kämmerei statt dessen auch Zahlungsmandate ausgeben konnte, die sie mit 3%

---

[1]) Das Schätzungsgericht hat bestanden aus dem jetzigen Bürgermeister Dr. Carl Friedrich Petersen und dem späteren Präses Dr. Ernst Goßler, sowie ferner aus folgenden 16 Mitgliedern: Ludwig Bartels, H. M. Blecken, P. G. Cotius, C. W. Encke, Rob. Flor, A. J. Hertz, F. Hyronim. Jacobsen, Tobias Krogmann, Carl von Leesen, J. G. Maack, Ernst Merck, J. C. A. Mestern, Ferd. Wilh. Meyer, Sal. Roosen, G. F. Vorwerck und Casp. Andr. Ziese.

verzinste und beim Wiederverkauf der Grundstücke in Zahlung nahm.[1]) Man hoffte hiernach mit einem Barbetrage von zirka 10 Mill. Mark auszukommen, zumal auch viele Hypothekbesitzer die Auszahlung ihres Geldes nicht wünschten, sodaß der Staat bis Oktober 1843 allein an Hypothekzinsen zirka 500 000 Mk. bezahlt hat. Für die teilweise abzutretenden Grundstücke war ein Betrag von nur 900 000 Mark angenommen, da nur, wenn zwecks einer Straßenverbreiterung mehr als 0,7 m zu enteignen waren, eine Entschädigung abseiten des Staates eintreten sollte. Kleinere Stücke sind von vielen Besitzern ganz unentgeltlich abgetreten, und wegen des übrigen war die Einrichtung getroffen, daß wenn die Häuser an einer Seite der Straße eingezogen werden sollten, nach amerikanischem Muster die Besitzer der gegenüberliegenden Seite, weil ihre ungeschmälerten Grundstücke durch die künftig breitere Straße wesentlich im Wert stiegen, den Entschädigungsbetrag auf sich nehmen mußten.

Für die Notwendigkeit der Enteignung war, abgesehen von den Änderungen der Straßen, oft auch noch das Moment entscheidend, daß eine große Zahl der früheren Erben für die Bebauung nach dem neuen Baugesetz mit 0,36 m starken Giebelwänden als zu klein erachtet werden mußte. Die Mehrzahl der früher vielfach nur 5 bis 6 m breiten Plätze ist deshalb verschwunden und die neuen Plätze sind möglichst nicht unter 8 bis 10 m Frontbreite geteilt worden. Dies erschien ausreichend, da das eigentliche Etagenhaus hier noch unbekannt war, und man vielmehr infolge der verringerten Gesamtzahl der Grundstücke für die Wiederunterbringung aller Bürger auf eigenem Erbe sehr besorgt sein mußte.

Die Gesamtfläche der expropriierten Grundstücke hat hiernach 309 700 qm betragen. Die höchsten Preise, über 300 M. pro qm, sind an der Reesendammsbrücke und am Adolfsplatz und Scheelengang (der jetzigen Adolfsbrücke) zu vergüten gewesen. Dann folgen der Hopfenmarkt, der Jungfernstieg, der Neuewall, die Schauenburgerstraße, der Burstah mit 200 bis 230 M. pro qm; dann folgen Mönkedamm, Bohnenstraße, Große Johannisstraße, Alterwall rc. mit 130 bis 200 M. pro qm und endlich Schmiedestraße, Berg, Filterstraße, Pelzerstraße, Bäckerstraße, Pferdemarkt, Alsterthor und die Twieten- und Nebenstraßen mit 30 bis 100 M. pro qm.[2]) Hiernach hat sich die Totalschätzungssumme für die gesamte Enteignung auf 16 681 000 M. belaufen. Da aber diese Grundstücke, wenn sie bestehen geblieben wären, wie alle andern mit der

[1]) Eine Folge der Enteignung war außerdem der Verlust des an den Besitz des Grundstückes geknüpft gewesenen Rechtes zum Besuch der Konvente. Daher war bestimmt, daß dieses Recht 1 Jahr lang erhalten bleiben solle.

[2]) Diese Zahlen geben keinen genauen Anhalt für den Grundwert, da der mehr oder weniger große Wert der Ruinen nicht in Abzug gebracht ist.

jährlichen außerordentlichen Feuerkassenzulage zur Tilgung der Anleihe mit hätten beitragen müssen, so war von dem Schätzungswerte eine Quote, entsprechend dem kapitalisierten Wert dieser Beiträge in Abzug zu bringen. Dieser Betrag wurde ermittelt als 11,75% des verbrennlichen Wertes. In Begünstigung der Eigentümer ist dann aber ein Betrag von nur 10% in Rechnung gebracht worden, wonach die an die Grundbesitzer gezahlte Entschädigung 14 581 000 M. beträgt und jene 10% im Betrage von 2 100 000 Mark der Feuerkassenanleihe entnommen und für den Wiederaufbau der Stadt verwendet worden ist. — Als der für das Schätzungsgericht entstandene Kostenbetrag sind endlich 77 000 M. unter den Ausgaben aufzuführen.

Folgen wir nunmehr den Ereignissen[1]), so ist mitzuteilen, daß infolge der im Lauf des Sommers 1842 an viele Besitzer erteilten Bauerlaubnis im Herbst nach und nach bereits wieder etwa 100 Häuser im Bau begriffen waren, zuerst von allen ist das kleine Haus Lilienstraße No. 17 am 6. September richtfertig geworden, wie durch die daran angebrachte Inschrifttafel noch gegenwärtig verkündet wird. Nach dem 1. September wurde dann natürlich auch sogleich mit den Straßenveränderungen, Aufhöhungen, Pflasterungen, Herstellung von Notbrücken, einzelnen definitiven Brücken rc. begonnen, und die Stadt erlebte eine Periode der Regsamkeit der Gewerbe, wie man sie sich schwerlich vorstellen kann. Auch der Handel machte sich befriedigend und aus den überseeischen Plätzen flossen 1843 beträchtliche Summen ausstehender Kapitalien nach Hamburg zurück. Zugleich war die Ernte gut und belebte alle Zweige des Handels auf das Aussichtsvollste. So waren es verheißungsvolle Chancen, unter denen der Staat in diesem Jahre die ersten 302 Grundstücke für fast 6,9 Mill. M. und zu einem Durchschnittpreise von 120,4 M. pro qm verkaufte.[2]) Am Ende des Jahres waren 190 neue Häuser bereits bewohnt, weitere 204 Häuser unter Dach gebracht und 44 zu bauen angefangen. Das ist das große Glanzjahr für alle hiesigen und die zahlreich hergezogenen fremden Handwerker gewesen. Der Tagelohn für Maurer und Zimmergesellen hielt sich zwar auf 2,40 M. und derjenige für Arbeitsleute auf 1,50 M., aber als etwas hierorts völlig Neues war die Akkordarbeit eingeführt worden, bei deren Preisnormierung beliebige Überbietungen stattfinden konnten, sodaß jedem Gelegenheit gegeben war, soviel zu verdienen, wie er wollte. Der Preis für Mauersteine ist im Lauf dieses Jahres von 20,40 M. auf 27,60 M. gestiegen, und um so schneller

[1]) Die nachfolgenden Handelsstatistischen Angaben sind teils den Tagesblättern, teils den Handelsberichten des General-Konsuls Wm. O'Swald und O. C. Gaedechens entnommen.

[2]) Auch für die israelitischen Einwohner war nach dem Bürgerschaftsbeschluß vom 1. Dezember 1842 die selbständige Erwerbung von Grundstücken möglich gemacht.

kamen daher die Bauabschlüsse zu stande, weil zu fürchten war, daß das Bauen bald noch teurer werden würde. Auch waren Gelder für Hypotheken überall leicht und zu mäßigen Zinsen, d. i. etwa bis 4%, zu haben.[1])

So schien der Brand für viele Leute eine Quelle des Verdienstes, ja Wohlstandes zu werden, und die Bürger blickten freudig in die Zukunft. Nicht nur die Gewerke blühten auf, nein auch manche Detaillisten, die ihr Lager gut versichert gehabt hatten, waren plötzlich kleine Kapitalisten geworden und spekulierten nun eine Zeitlang in Teilnahme an der allgemeinen guten Geschäftslage. Speziell wurde es damals beliebt, Eisenbahnaktien zu kaufen, an deren Steigen manche Besitzer mühelos verdienten. In dieser Beziehung ist besonders die Altona-Kieler-Bahn sogleich nach ihrer stattgehabten Eröffnung zu einer ganz unverhofften Geschäftsquelle geworden.

Kaum kann es Wunder nehmen, daß in dieser Zeit der Aufregung die städtischen Grundbesitzer bezw. die Käufer der i. J. 1844 zur Auktion gebrachten 167 Plätze es übersehen haben, daß eine große Anzahl von Bürgern, die seit dem Brande vor den Thoren bequem wohnten, gar nicht daran dachten, wieder zur Stadt zu ziehen[2]), und daß auch mit der beginnenden Beseitigung der Notwohnungen die Nachfrage in der Stadt nur unwesentlich stieg, da der Mangel an kleinen Wohnungen durch den Neubau nicht genügend befriedigt wurde. Dieser Umstand trieb auch ferner noch viele Leute dazu, nach St. Pauli, Hamm und Barmbeck zu ziehen, womit sich die spätere Krisis in der Stadt allmählich deutlicher anbahnte. Das Geschäftsjahr 1844 war aber noch ein sehr gutes und die Getreideernte wieder eine reichliche, sodaß sich der Wohlstand wenn auch langsam so doch fühlbar zu heben schien. Auch die Behörden vertrauten hierauf und hielten die wertvolleren Grundstücke noch zurück, als auf die zum Verkauf gebrachten Plätze Alterwall, Mönkedamm, Raboisen, Rosenstraße, rc. i. D. nur bis 107 M. per qm geboten wurde.

Nichtsdestoweniger hat sich aber schon im Herbst eine gewisse Schwierigkeit im Schließen der Hypothekgelder fühlbar gemacht, und diese war leider nicht vorübergehend, sondern steigerte sich im Lauf des Jahres 1845 zu einer schlimmen Krisis. Mehrfache Umstände haben zusammengewirkt, um diese Reaktion zu beschleunigen und besonders muß hier auf die ungeheuren Kapi-

[1]) Im August 1843 arbeiteten in Hamburg über 2000 Maurergesellen, sodaß gering gerechnet täglich 600 000 Steine vermauert wurden, womit vergleichsweise jeden Tag ein ganzes Haus von Grund auf richtfertig zu machen gewesen wäre.

[2]) Sehr bezeichnend ist es für die durch den Brand herbeigeführte veränderte Wohn- und Lebensweise der Hamburger, daß die Einnahme aus den Thorsperregebühren von rot. 259 000 M. im Jahre 1841 auf 282 000 M. und 340 000 M. in den Jahren 1842 und 43 gestiegen ist. Danach fällt sie allmählich; geht bis 1850 aber nur bis auf 280 000 M. zurück.

talien hingewiesen werden, welche der Bau der Eisenbahnen während dieser Jahre plötzlich an sich zog. Im Sommer 1845 waren in England allein 5000 Mill. M. in Eisenbahnbauten engagiert, von denen 400 Mill. M. bereits bar eingezahlt waren; in Frankreich hatten die Bahnbauten 160 Mill. Mark und in Deutschland ebenfalls beträchtliche Summen[1]) festgelegt. So mußte man bedauern, daß die Fortschritte der neuen Erfindungen und Entdeckungen zu Extremen führten, durch die das zu Tage geförderte Große und Wichtige zunächst wieder gefährdet ward, denn infolge dieser Engagements trat im Oktober plötzlich ein vollständiger Mangel an barem Gelde ein, der Zinsfuß stieg auf 7% und darüber und der Abschluß des Jahres war für viele Keufleute ein höchst sorgenvoller. Häuserpöste waren im Lauf dieses Jahres wie gesagt kaum zu beschaffen gewesen, sodaß sich dem Wucher ein weites Feld für seine Habgier eröffnete. Trotzdem hat der Staat noch 72 Plätze für 2,18 Mill. M. verkauft. Aber daß hier wiederum ein Durchschnittspreis von 120 M. pro qm erzielt wurde, ist nur darauf zurückzuführen, daß immer mehr eine wilde Spekulation sich bei dem Verkauf der Plätze vordrängte. Auch wurden den Käufern vielerlei Erleichterungen geboten. Einesteils ließ der Staat ein auf 525 000 M. normiertes Kapital in Grundmieteanteilen von zusammen jährlich 15 750 M. in den Erben stehen, und andererseits ließ derselbe den Käufern auch Hypothekgelder, deren Gesamtbetrag sich 1845 auf 1,23 Mill. M. bezifferte. Abgesehen aber davon, daß die Lage der Staatsfinanzen eine baldige Realisierung dieser Beträge unabweisbar forderte, war der Rückgang des Grundwertes damit doch keineswegs aufzuhalten. Vielmehr wurde eine immer größere Anzahl von Zwangsverkäufen notwendig, bei denen die Verluste selbst für schon bebaute Plätze vielfach 25% erreichten. Ja, es ist bei 2 Plätzen sogar vorgekommen, daß bei den Verkäufen der Staat selbst von den obengenannten Hypothekgeldern 11 000 M. einbüßen mußte. Ein anderer Kammerposten von 32 000 M. wäre gleichfalls verloren gewesen, wenn die Behörde den betreffenden Platz nicht ihrerseits zurückerworben hätte.

Infolge dieser Umstände sind trotz der großen Zahl verkaufter Grundstücke in den Straßen noch lange Zeit viele unbebaute Lücken geblieben. Im Jahre 1845 waren z. B. 72 verkaufte Plätze unbebaut, sodaß über 700 000 Mark disponible Feuerkassengelder nicht erhoben werden konnten. Die Rückwirkung solcher Zustände auf das Gewerbe mußte erklärlicherweise eine sehr empfindliche sein, und mehrere angesehene Übernehmer haben ihre Zahlungen

[1]) Eine bestimmte Zahl ist nicht anzugeben, aber bis zu gewissem Grade ist auf die Zunahme der Bahnbauten aus der Anzahl der Passagiere zu schließen, die sich 1841 auf 2 807 000 und 1842 schon auf 4 634 000 belaufen hat.

einstellen müssen. Bei der Andauer der Entwertung auch über das Jahr 1846 hinaus, ist es bezeichnend für das Sinken des hiesigen Kredits, daß nirgend auswärtiges Geld in Hamburger Erben gegeben ist. Auf verhältnismäßig wertlose alte Häuser in Holstein und Mecklenburg ist immer Geld für 3 bis 3,5% zu haben gewesen, während man hier am Platz für beste Pöste allgemein 5% geben mußte, und zweites Geld ohne Wucher überall nicht zu erlangen war. Auch 1846 mußten sich daher wieder eine ganze Anzahl Bauspekulanten, zumal solche, die mit fremdem Geld arbeiteten, insolvent erklären. Für den haltungsfähigen Teil des Besitzes war es aber nicht minder empfindlich, daß trotz der weiter im Fallen begriffenen Mieten die Anzahl der leer stehenden Wohnungen immer beträchtlicher wurde. Haben wir oben berichtet, daß Ende 1843 bereits 438 Häuser fertig oder im Bau begriffen waren, so belief sich die Zahl derselben jetzt auf 893, von denen sich nur noch 24 im Bau befanden. Man mag hieraus entnehmen, wie viel unbeschäftigte Kräfte sich bei dem zugleich nur mäßigen Fortgang der Staatsbauten hier befunden haben müssen[1]).

Dazu kam, daß das Jahr 1846 auch für die Handelsverhältnisse sich zu einem sehr nachteiligen gestaltete. Empfindliche Verluste hatten im Warenumsatz statt, alle Staatspapiere fielen im Kurs und das fortgesetzte Sinken der Eisenbahnaktien nahm einen bedrohlichen Charakter an. Im August hatte unsere Börse das bedeutendste Fallissement zu beklagen, das jemals vorgekommen war, indem das Haus Hinck & Co. sich mit 8 258 500 M. insolvent erklären mußte[2]). Trafen die unmittelbaren Folgen dieses Unglücks auch weniger den hiesigen Platz, als das Inland, so läßt sich doch leicht ermessen, daß nach dem Zusammenwirken all dieser Schicksalsschläge auch 1847 für den Grundbesitz noch keine Besserung zu erwarten stand. Ja, auch die zuversichtlichen Hoffnungen die sich in diesem Jahre an die Inbetriebsetzung der Berliner, bezw. auch der Schweriner Bahn und die Erweiterung der hannöverschen Bahn durch die Vollendung des Anschlusses nach Köln-Minden knüpften, wurden zunächst zu Schanden infolge der durch die Mißernte herbeigeführten großen landwirtschaftlichen Krisis. Die Zahl der leerstehenden Wohnungen blieb ungefähr dieselbe, und mancher Eigentümer bereute seine Bauweise, da dieser Übelstand sich ganz vorwiegend auf die vielfach sehr fehlerhaft eingerichteten Häuser erstreckte, deren Mängel sich oft auch gegenwärtig noch geltend machen, wenn schon in dieser Beziehung die

[1]) Die Gesamtsumme dessen, was der Privat-Neubau nach dem Brande bis 1846 gekostet hat, ergiebt sich annähernd aus den Feuerkassentaxwerten und dürfte die Summe von reichlich 68 Mill. M. erreichen.

[2]) Das größte Fallissement war bis dahin dasjenige der Firma de Dobbeler & Heß i. J. 1799 mit einem Betrage von 4 800 000 M.

außerordentliche Zahl von Umbauten seit den letzten 10 Jahren angefangen hat, etwas aufzuräumen.

Von dem, was das Jahr 1848 uns gebracht hat, wird man an dieser Stelle keine Schilderung erwarten. Auch in Hamburg hatten die Sattler und Schneider leider nur zu reichlich zu thun, um den plötzlich hervortretenden Ausrüstungsbedürfnissen Genüge zu leisten. Die Verminderung der Einwohnerzahl vermehrte abermals die leerstehenden Wohnungen und die Auswanderung, die schlimme Kartoffelkrankheit und die Cholera thaten das Übrige, die Sorge in immer weitere Kreise zu bringen. Der Handel über die ganze Welt war durch Mittellosigkeit, Zurückhaltung und Mißtrauen unterbrochen. Aller Wohlstand sank, die Bedürfnisse aber erheischten gebieterisch eine Erhöhung der Abgaben. Bezüglich der Kurse seien als Beispiel nur die nach wie vor immerhin doch durchaus sicheren und ehedem so gesuchten Anteilscheine der Feuerkassenanleihe genannt, die s. Z. zu 93% bis 96% begeben, zu Anfang d. J. 1848 auf 84,75% standen und bis zum Schluß auf 77,87% weiter hinab gingen. Wie sehr auch der Besitz des einfachen Bürgerstandes im Sinken begriffen war, erkennt man am besten daraus, daß die Summe der hiesigen Sparkasseneinlagen im Gesamtbetrage von rund 4 Mill. M. trotz des großen Brandes während des ganzen Jahrzehnts eine allmähliche Vermehrung aufweist, daß der Betrag aber 1848 plötzlich um 7 bis 800 000 M. verringert worden ist.

So näherte sich das Jahrzehnt bereits seinem Ende, als die Vorsehung, welche durch die große technische Erfindung der Eisenbahnen eine so unermeßliche Kapitalumwälzung hervorgebracht hatte, die Menschheit wiederum einen technischen Gedanken in die Wirklichkeit einführen ließ, an den sich unbegrenzte Hoffnungen knüpfen mußten. Das war die Eröffnung unserer ersten elektromagnetischen Telegraphenlinie, die Hamburg mit Cuxhaven verband und deren Inbetriebsetzung unsern Handelstand sogleich Konsequenzen ahnen ließ, die kurz vorher noch Jedem wie ein Traum erschienen sein würden. Wer nicht mit der Zeit fortgeht, der geht in der Zeit unter, sagte der Kaufmann. Alle Kräfte wurden von neuem eingesetzt und ein gütiges Geschick brachte mit der Aufnahme des Telegraphen den Wendepunkt einer neuen Zeit. Noch im Lauf des Jahres 1849 stellte sich wieder reichlich Geld ein, der Zinsfuß ermäßigte sich. Bald konnten die zu teuren Hypothekgelder gekündigt werden, die Kammerposten ließen sich einziehen, und wenn auch die Verkäufe in diesem Jahr gleichfalls noch niedrig abgeschlossen werden mußten, und manche groß angelegten Kaufhäuser zu kleinen Wohnungen umgebaut wurden, so zeigte sich doch für bessere Lokalitäten schon wieder eine steigende Mietetendenz und bald konnte der Staat auch die noch übrigen 33 Grundstücke preiswert zum Verkauf bringen.

Nicht nur aber der Besitz war es, der wieder eine festere Haltung anzunehmen begann, sondern auch im Staatsleben war der **Wendepunkt** eingetreten, wo die großartigen Bewegungen alle Verschiedenheiten der Ansichten schwinden und die Gegensätze sich auflösen ließen. Eine Rat- und Bürgerdeputation für Vorschläge zur Verbesserung der Staatseinrichtungen, die später sog. Konstituante, war eingesetzt, und ihre Arbeiten haben auch in dieser Beziehung den Grundstein zur neuen Zeit des neuentstandenen Hamburg gelegt.

Überschauen wir nach diesem Einblick in die Zeitverhältnisse das finanzielle Resultat der großen Eigentumsveränderungen des hamburgischen Grundbesitzes, so muß es uns mit hoher Freude erfüllen, daß die Rat- und Bürgerdeputation in weiser Berücksichtigung aller Umstände und vom Glück wohlbegünstigt, nicht nur den Wiederverkauf der Grundstücke durchgeführt, sondern auch mit einer weit über Erwarten geringen Inanspruchnahme des ordentlichen Staatsbudgets die ungeheure Neuanlage der ganzen Stadt bewerkstelligt hat. Die nachfolgende Gesamtabrechnung zeigt die Erträge für die verkauften Grundstücke und läßt erkennen, daß die Staatskasse für diese ganze Umwälzung nur mit 5,15 Mill. M. belastet worden ist. Zu keiner Zeit und unter keinerlei sonstigen Umständen wäre es wohl möglich gewesen, eine so weitgehende Neugestaltung einer großen Stadt mit einem solch mäßigen Geldbetrag zu Wege zu bringen. Dabei sind die für die neuen Grundstücke gezahlten Preise gegenüber den Expropriationswerten keineswegs besonders auffallend hohe zu nennen, wie die desbezüglichen Zahlen ja auch erkennen lassen, daß im Grunde nur ein Mehrbetrag von 389 000 M. vereinnahmt ist. Diese Zahl muß noch geringer erscheinen, sofern man berücksichtigt, daß die neuen Grundstücke schon ihrer geringeren Tiefe wegen einen höheren Wert beanspruchen durften als die früheren, denn durch die zweckmäßigere Führung der Straßen war die Gesamtfrontlänge von 14 470 lf. m auf 15 450 lf. m gesteigert, während die Gesamtfläche auf 299 000 qm, oder gegen früher um 10 700 qm vermindert war.

Um einige Beispiele der gezahlten Preise zu nennen[1]), so wurde zwar für die Plätze Neuerwall, Alsterarkaden pro qm über 300 M. bezahlt, für einzelne Grundstücke sogar noch mehr. Genannt sei z. B. dasjenige der jetzigen Reichsbank mit 406 M., das gegenüberliegende Eckgrundstück große Johannisstraße und Adolfsplatz 476 M., das Grundstück an der Ecke des kleinen Burstah, vom großen Burstah links 384 M. pro qm. Im allgemeinen aber erhoben sich die Preise nur wenig über 100 M., mit Ausnahme derjenigen für

---

[1]) Siehe: C. C. Hartmann, Übersicht der zum Bebauen verkauften Plätze, 3 Hefte 1844 bis 46.

die Eckplätze, auf welche vielfach Spekulanten boten, und sie bis zum doppelten Betrag desjenigen steigerten, was für die nachbarlichen Reihenplätze erzielt wurde. Die billigsten Plätze blieben die Erben Brandsende No. 5 bis 13 mit nur 40 M. pro qm.[1]) Die Summe aller bis 1845 verkauften 541 Plätze beträgt 117 600 qm (das ist pro Platz im Durchschnitt 217,4 qm). Der Durchschnittspreis stellt sich auf 115,5 M. pro qm. Die Unkosten des Staats beim Verkauf haben sich auf zirka 300 000 M. oder 550 M. pro Platz belaufen. Diese Zahlen bringen mithin eine plötzliche Wertsteigerung weniger auffallend zum Ausdruck, als erwartet werden sollte, und ein Gegensatz ist vielmehr erst deutlich zu Tage getreten in der Wertverminderung, welche die Erben in den alten Stadtteilen erlitten haben. Die Verkäufe, welche hier im Lauf der nächsten 10 Jahre vollzogen werden sollten, ließen sich nur zu ganz auffallend geringen Preisen bewerkstelligen.

Wir lassen nunmehr eine Gesamtabrechnung über die Enteignung und den Wiederverkauf der Grundstücke folgen:

I. Ausgaben des Staates infolge des großen Brandes.

Verpflegung und Ernährung der von auswärts eingetroffenen Hülfsmannschaften (s. S. 25)	M.	120 000 —
Staatsseitig übernommene Schuttwegräumungskosten	„	63 000 —
Löschkosten des großen Brandes	„	234 000 —
Neutaxierung der Grundstücke und div. Unkosten	„	66 000 —
Expropriation von 309 700 qm Privatgrundbesitz	„	14 581 000 —
Kosten des Schätzungsgerichtes	„	77 000 —
Kosten des Wiederverkaufs der Grundstücke	„	300 000 —
Kosten aller Staatsbauten lt. Spezialabrechnung (s. S. 94 ff.)	„	8 950 000 —
Honorare und diverse allgemeine Unkosten	„	295 000 —
Zinsverluste und Verzinsung des Koulanzefonds	„	164 000 —
Total:	M.	24 850 000 —

II. Einnahmen des Staates infolge des Wiederaufbaues.

Wiederverkauf von 575 Bauplätzen (hierunter 33 im Jahre 1848 noch nicht verkaufte Plätze, schätzungsweise mit 1 389 000 M. angenommen)	M.	14 163 000 —
Erteilung von diversen Back- und Brau-Gerechtsamen	„	43 750 —
Übertrag:	M.	14 206 750 —

[1]) Bezüglich der Wertschätzung der einzelnen Straßen gegen einander muß es auffallen, daß z. B. die Plätze in der Ferdinandstraße im Durchschnitt pro qm zu 69,3 M., auf den Raboisen zu 69,95 M. und in der Rosenstraße zu 70 M. verkauft worden sind.

Übertrag:		M. 14 206 750 —
Von der Patriotischen Gesellschaft für deren Grundstück		„ 37 750 —
Von der Reformierten Gemeinde für deren Grundstück		„ 90 500 —
Von div. Anliegern für abgetretenes ehem. Straßenareal		„ 635 000 —
Kapitalisierte Grundmieten, welche bei der Enteignung der ehem. Grundstücke in Abzug gebracht wurden		„ 310 700 —
Kapitalisierte Summe der Schadensersatzpflicht der ehem. Grundstücke, festgesetzt auf 10% der Hauswerte		„ 2 100 000 —
Erlös aus den verkauften Bautrümmern		„ 124 800 —
Temporäre Vermietung alter Staatsgebäude u. Zinsen		„ 119 000 —
Beiträge der Privaten zum Sielbau		„ 340 000 —
Beiträge der Privaten zum Bau der Bürgersteige		„ 110 500 —
Feuerkassenentschädigungen für Staatsgebäude:		
Für die ehem. Mühlengebäude	M. 369 200 —	
Für die ehem. Fleischschrangen	„ 119 000 —	
Für den ehem. Herrenstall	„ 29 300 —	
Für die ehem. Staatswohnungen vom Dom	„ 267 500 —	„ 785 000 —
Hypothekzinsen aus Staatsgeldern		„ 52 000 —
Kursgewinn der Feuerkassenanleihe		„ 788 000 —
Summe der erzielten Einnahme		M. 19 700 000 —
III. Staatszuschuß für den Wiederaufbau.		
Vorläufig verwendete Feuerkassengelder für Rathaus, Archivgebäude, Eimbecksches Haus und Münze	M. 685 100 —	
Von der Feuerkassenanleihe verwendet	„ 1 659 000 —	
Anderweit beschaffte Deckungen	„ 2 805 900 —	
Summe des Staatszuschusses		„ 5 150 000 —
Total:		M. 24 850 000 —

7. Die Staatsbauten.

Unter allen, deren Thätigkeit nach dem Brande auf's Äußerste in Anspruch genommen war, dürfen vielleicht die Beamten der Baudeputation als die am meisten Belasteten genannt werden müssen. Ihnen unterstand schon während des Brandes in mancher Beziehung ein gut Teil der Verantwortung für die Anordnungen. Sie waren es, denen im allgemeinen Wirrwarr nach glücklichem Verlöschen des Feuers die Arbeit der ersten Aufräumung zufiel, und sie diejenigen, welche, nachdem der Landverkehr wieder Wege und Straßen gefunden hatte, mit unsäglicher Mühe die Kanäle ausräumen lassen mußten, um dem Flußverkehr Wege zu bahnen. Sie waren es, um die sich die technische Kommission gruppierte und von denen man unmittelbar nach der Katastrophe wohlerwogene Vorschläge für den Wiederaufbau des ganzen Stadtteils erwartete; ihnen lagen die Anweisungen bezügl. der Notbauten für den Hülfsverein ob, ihr Gutachten durfte auch bei mehr oder weniger gleichgültigen Fragen nicht fehlen, und doch sollten auch sie zugleich sich eine Meinung über Neuerungen bilden und in ganzer Tragweite die Verantwortung für solche auf sich nehmen, wo damals noch niemand absehen konnte, ob solche Maßnahmen zum Gedeihen oder zum Unglück der Stadt in's Werk gesetzt würden.

Waren daher bei den Baubeamten der Zweifel schon viele, ob das große Unternehmen des neuen Stadtplans sich auch durchführen lassen werde[1]), so waren ihre Meinungen doch noch viel mehr geteilt, als Lindley am 8. März 1843 endlich in der technischen Kommission sein im Auftrage der Rat- und Bürgerdeputation bearbeitetes großes Sielprojekt zur Vorlage brachte. Eine Sielleitung für die neuen Straßen war zwar allgemeiner Wunsch gewesen, aber im Einzelnen war man sich über den Bau einer solchen bei der Vorlage zu dem Konvent des 1. Septembers doch noch völlig unklar. Speziell die Bau-

[1]) Diese Zweifel wurden von weiten Kreisen lebhaft genährt und noch 1843 schrieb z. B. der „Freischütz": Mit Sorgen sehen wir diese vielen breiten Straßen und hohen Häuser entstehen. Woher sollen die Menschen kommen, dies alles zu bevölkern, Hamburg wird sich unsterblich blamiert haben und Millionen sind weggeworfen, wenn wir nach 10 Jahren in den dicht mit Gras bewachsenen Straßen Ziegen weiden können.

beamten stellten sich darunter nur einige 30 bis 90 zm weite Kanäle für Regenwasser vor, die statt früher aus Holz nun aus Mauerwerk hergestellt werden und an beliebigen nächstgelegenen Stellen in die Flethe ausmünden sollten. In diesem Sinne war in den damaligen Kostenanschlag für Siele ein Posten von nicht ganz 250 000 M. eingestellt. Nun aber trat Lindley mit einem Projekt für ein zusammenhängendes großes System von Sielen mächtigen Querschnitts heraus. Er stellte sich vor, daß diesem Leitungssystem allmählich die ganze Stadt angeschlossen werden müsse und er wollte nicht nur das Regen- und Hauswasser, sondern auch alle Klosetabgänge ꝛc. darin aufnehmen und abführen und zwar sollte dieses ganze Abwasser der großen Stadt an einer einzigen Stelle gewissermaßen mitten im Hafen in die Elbe münden. **Lindleys** Bericht zu diesem Projekt ist zwar ein Musterwerk der Folgerichtigkeit und Klarheit, aber er schließt auch mit einem Kostenanschlag von fast 1,4 Mill. M., und wenn an und für sich schon der fremdartige Gedanke, das ganze Schmutzwasser einer großen Stadt in ihren eigenen Hafen zu leiten, den Staatstechnikern ein unerhörtes Unterfangen in sich zu schließen schien, so mußte diese Angabe der Ausführungskosten der Möglichkeit ihrer Zustimmung gänzlich jede Basis entziehen. Lindley aber stand damals auf der Höhe seines Ansehens, und die Rat- und Bürgerdeputation wünschte auf das lebhafteste, Hamburg mit den bestentwässerten englischen Städten gleichgestellt zu sehen. Über die Kosten solcher Anlagen hatte man sich auch von dorther orientiert, und war auf solche Summe mehr oder weniger gefaßt. Das beste Vorurteil der maßgebenden Kreise war mithin vorhanden als Lindleys Projekt, der ersten Instanz, der technischen Kommission, zur Meinungsäußerung vorgelegt ward.

Auf Wunsch der Rat- und Bürgerdeputation ist für diese das Siel betreffenden Verhandlungen der Kommission der durch seine Bauschule zum Nestor der Hamburger Architekten gewordene Professor Fersenfeldt während der Zeit von mitte März bis mitte April 1843 hinzugezogen worden. Dies war nötig, um nach irgend einer Richtung jedenfalls eine Majorität zu schaffen; denn da Reichardt bereits ausgetreten war, und Lindley selbst bei dieser Frage nicht wohl mit abstimmen konnte, so hätte die Kommission andernfalls nur aus 6 Mitgliedern bestanden. — Die im Verlauf der Verhandlungen zum Ausdruck gebrachte Meinung der Baubeamten ist bereits angedeutet. Heinrich fand, daß die zahlreichen Flethe unserer Stadt schon naturgemäß darauf hinwiesen, den Bau eines großartigen, teuren Sielsystems gar nicht in Betracht zu nehmen. Die Gefälle der auf so große Längen fortgeführten Siele seien viel zu geringe. Bald werde der Sielboden verschlammen und in kurzer Zeit würden die ganzen Röhren verstopft sein. Auch müsse nach seiner Meinung eine Zusammenführung solcher Massen von Sielstoffen, wie sie ein großes Stadtgebiet erzeugt, übermäßige Dünste ausströmen, und die Stelle der gemeinsamen Ausmündung werde für den Hafen viel nachteiliger sein als mehrere Ausmündungen an verschiedenen Stellen der Flethe. Hübbe betonte, daß es für alle an den Flethen stehenden Häuserreihen gar nichts naturgemäßeres und besseres geben könne als die direkte Entwässerung. Hiermit sei auch die Klosetfrage für die Mehrzahl der Einwohner innerhalb der Brandstelle bereits gelöst. Für die übrigen würden sich im Lauf der Zeit sicher anderweit verbesserte Klosetkonstruktionen ergeben; daher sei es in dieser Beziehung bei dem Bestehenden zu lassen und höchstens etwa die Binnenalster, weil sie ein stillstehendes Gewässer sei, von der Aufnahme der Klosets auszuschließen. Durch Trennung der Siele in kleine Gruppen und deren Benutzung lediglich für Regen- und Hauswasser werde natürlich auch die von Lindley projektierte Alsterspülung fortfallen können. Sei der Erfolg einer solchen nach seiner Meinung bei dem zu geringen Gefälle[1]) der Siele an und für sich schon fraglich, so käme hinzu, daß die Siele doch mindestens täglich 2 Mal je 4 Stunden lang würden gespült werden müssen Dies erfordere pro Sekunde reichlich 3 kbm Wasser, ein Quantum also, durch das man andernfalls 8 Mahlgänge mit Kreiselrädern würde getrieben haben können. Abgesehen von dieser großen Unökonomie, seien ferner auch in England die Meinungen über Siele noch sehr geteilt. Die Gefahr einer Explosion von Sielgasen[2]) sei ein ebenso schwerwiegendes Bedenken, als die Lüftungsschächte, durch welche Lindley die Sieldünste mitten in den Verkehr belebter Straßen hinein entweichen zu lassen beabsichtige. Das einzige Mittel hiergegen bestehe etwa in der Anlage hoher Schornsteine, welche diese Dünste in unschädlicher Weise in obere Luftschichten abführen müßten, aber der Erfolg auch solcher Ausführungen sei noch nirgend erwiesen. Endlich dürfe man Lindley mit Gewißheit voraussagen, daß er an seinem eigenen Prinzip scheitern werde, indem er, zur Umgehung der natürlichen Abflußstellen der Siele in die Wasserläufe, das gesamte Sielwasser mittels Dükern sowohl bei der Mühlenbrücke, wie bei der Reesendammsbrücke unter dem Alsterfluß hindurch zu leiten beabsichtige. Niemand könne jemals für die Funktionierung solcher Abflüsse garantieren. Für Reparaturen sei ein Düker allezeit unzugängig, die

[1]) Lindley beabsichtigte auf langen Strecken ein Gefälle von 1:3000, wogegen nach Meinung der Baubeamten ein solches von 1:600 noch nicht genügte. Ja, der niederösterreichische Gewerbe-Verein betonte in seinem Gutachten von 1844, daß in Wien noch Siele mit einem Gefälle von 1:200 bis 1:300 durch Senkstoffe unbrauchbar würden, trotzdem man, was in Hamburg nicht möglich sei, Gebirgswasser hindurchleite.

[2]) In einem erst 3 Monate in Betrieb befindlichen Londoner Siel fand am 12. August 1843 eine Explosion statt, welche eine ganze Straße entlang Verwüstungen anrichtete.

Brückenbauten würden dadurch erheblich verteuert und auch eine Rückwirkung auf den Stand des Alsterstaues sei keineswegs ausgeschlossen. Zu allem aber komme die Flutfrage, denn da den Sielschotten Lindleys nicht getraut wurde, so sah man die Stadt schon durch Rückstau in der Sielleitung überschwemmt. Lindley wies zwar nach, daß der Abfluß aus der oberen Stadt mittels der Notauslässe jederzeit stattfinden werde, und berechnete, daß die Kanäle des unteren Netzes unbeschadet sogar mehrere Tage abgesperrt bleiben könnten, da sie 22000 kbm Wasser zu fassen im Stande seien, was einem sechstägigen Verbrauche der daran gelegenen ca. 2500 Erben entspräche, aber er gewann damit ebensowenig die Meinung dieser Herren für sich, wie mit seinem letzten Trumpfe, daß nach Auslaß des Sielwassers und Schließung der Flutklappen durch Einlaß von Alsterwasser in die Sielleitung durch alle Straßen ein unbegrenztes Wasserquantum verteilt werden könne, welches Moment bei Feuersgefahr bis zur etwaigen Vollendung einer späteren allgemeinen Wasserleitung von unberechenbarer Wichtigkeit werden könne. Vielmehr schloß sich auch Wimmel im allgemeinen ganz der Ansicht seiner beiden Kollegen an, wenn er auch die Meinung nicht unterdrücken mochte, daß der Anschluß aller Klosets an die Sielleitung als ein großer Gewinn würde angesehen werden müssen.

Ganz entgegengesetzt stellten sich die Architekten zu dem Projekte. Für sie war der letztgenannte Gesichtspunkt überhaupt die Triebfeder zu der ganzen Anlage, und machte man ihn zur Hauptsache, so durfte auch von vielen kleinen Mündungen in den Flethen nicht die Rede sein, sondern das Sielwasser mußte mitten in den großen Strom der Elbe geleitet und von diesem sogleich erfaßt und weggeführt werden. Eine Erfahrung darüber, ob dies wirklich geschehen werde und was für Übelstände anderweit eventuell dabei auftreten würden, hatte freilich niemand von ihnen. Sie waren nur durchdrungen von der Überzeugung, daß der seitherige Zustand der Stadtentwässerung nicht länger haltbar sei, und daß Wandel geschafft werden müsse in umfassender und tüchtiger Weise. Auch hier wurde freilich Lindleys Projekt nicht unmittelbar zugestimmt. Vielmehr kam zur Sprache, ob nicht eine Verwertung der Abflüsse möglich sein werde, und Lindley mußte zugeben, daß in Paris Poudrette-Fabriken beständen, durch die der Kloakenabgang zu einem gesuchten Artikel für die Landwirtschaft umgestaltet und jährlich eine Einnahme von 450000 M. erzielt werde. Er behauptete aber, daß ähnliche Versuche in London gänzlich fehlgeschlagen seien, wenn er auch hierfür keine bestimmten Gründe angeben könne. Er wies aber darauf hin, daß bei späterem Wunsche am unteren Ende des Siels jederzeit eine solche Anstalt sich erbauen lasse, und da dies einleuchtete, so stimmte Ludolff, der jenen Gedanken besonders verfochten hatte, mit den übrigen drei Architekten ohne Vorbehalt für Lindleys Projekt, wogegen abseiten der Baubeamten ein gründeschweres Minoritätsgutachten abgegeben wurde.

Diese tiefgehende Meinungsverschiedenheit der Kommissionsmitglieder mußte für die Rat- und Bürgerdeputation eine Ursache zu um so gründlicherem Eingehen in diese wichtige Frage werden, und erst nachdem die Bausektion derselben sich nach allen Richtungen mit dem Projekte beschäftigt hatte, konnte eine Hauptverhandlung darüber zum 3. Mai 1843 angesetzt werden. Als Referent der Sektion berichtete Senator Hartung zunächst, daß die Majorität der technischen Kommission sich bestimmt und entschieden für Lindleys Projekt ausgesprochen habe, und daß das Minoritätsgutachten keinerlei Einwürfe bringe, welche sich gegen die Ausführbarkeit des Planes und gegen seine Richtigkeit wenden. Da in letzterem aber die Meinung gerade der durch ihren Eid dem Staatsinteresse am nächsten verbundenen höchsten technischen Beamten Ausdruck finde, so sei dasselbe wohl zu beachten.

Wenn Hübbe aber die Flethe als die natürlichen Abflüsse der Siele bezeichne, so treffe dies doch höchstens insofern zu, als ein Privet eine natürlichere Anlage sei als ein Wasserkloset, und man müsse zugeben, daß wenig Kunst und Nachdenken erfordert werde, um alle Abflüsse dem ersten besten Gewässer thalwärts zuzuführen, ohne irgend die Folgen zu bedenken. Es gehöre schon die ganze Abhärtung der langjährigen Gewöhnung von Jugend auf dazu, um ohne Widerwillen unsere Flethe überhaupt nur anzusehen, und es müsse als eiue Perpetuierung der unleidlichsten Übelstände erachtet werden, wenn man die Abflüsse in dieselben noch vermehre und die unsere Straßen alltäglich verpestenden Kummerwagen nicht endlich beseitigen wolle. Dies strebe Lindley an, und seine vollständige und jederzeit funktionierende Entwässerung sei in gar keinen Vergleich zu setzen zu den kleinen Wasserableitungen, die gegenteils geplant würden. Der als Sachverständiger befragte Chemiker Wibel habe sich dahin geäußert, daß wie es auch jedem schlichten, gesunden Menschenverstande einleuchte, die Mündung mitten im großen Elbstrome, deren Schleuse nur bei eintretender Ebbe geöffnet zu werden brauche, nicht bedenklich sei. Was die Luftschächte betreffe, so könne man sie später schließen, falls sie sich verderblich zeigen sollten. Er weise aber darauf hin, daß das in den Sielen fließende Wasser schwerlich so stark werde dunsten können, wie der Schlamm in den bislang üblichen Straßentrummen, die noch niemand beanstandet habe. Auch seien die Kosten keineswegs so groß, wie sie auf den ersten Blick erscheinen müßten. Denn Lindleys Projekt müsse sich notwendig schon zum Teil über die Brandstelle hinweg erstrecken. Hierfür sei im ersten Anschlage natürlich nichts gerechnet, bei Lindley aber über 258 000 M.[1]) Auch müsse man jenem Anschlage schon gegen 25 % hinzurechnen für die bei Lindley vorgesehenen Einrichtungen an Reinigungs- und Luftschächten u. a. Ferner sei anfangs auch nichts für unvorhergesehene Fälle benannt, wogegen Lindley hierfür 20 % aufgeschlagen habe. Scheine es hiernach, als wenn der Anschlag jedenfalls gute Sicherheit gewähre, so komme ihm anderseits zu gute, daß die Bedienung der einen Sielmündung weit billiger im Betriebe sein werde, als die Aufsicht auf eine ganze Anzahl von Sielmündungen, wie denn auch in letzterem Falle für das fortgesetzt notwendige Ausbaggern der Fleete eine beträchtliche Summe unausbleiblich notwendig erforderlich sein würde. Auch die Befürchtungen wegen der Düker konnte die Deputation durchaus nicht teilen, vielmehr werde das tiefere Fundament den Bauten wahrscheinlich noch zu gute kommen.

Alles in Allem hatte die Rat- und Bürgerdeputation hiernach völlig den Eindruck, daß Lindley der schwierigen Aufgabe in jeder Beziehung gewachsen sei und daß er in seinem Fache so hoch dastehe, daß dem Laien bei der Beurteilung seiner Arbeit jede Unsicherheit schwinden müsse. Keinenfalls aber dürften die Kosten ein Hinderungsgrund sein, wo es sich um ein Werk handle, welches vollendet, sich als von den heilsamsten Folgen für die Gesundheit und Annehmlichkeit der künftigen Bewohner Hamburgs erweisen werde. Gerade weil es unscheinbar und dem Blick der Menge entzogen sei, werde es später der Deputation zur hohen Ehre gereichen müssen, wenn sie dennoch nicht zurückscheue und bei der ihr anvertrauten Aufgabe nicht blos auf äußern Glanz und Verschönerung der Stadt sehe, sondern auf den wahren und bleibenden Nutzen aller Klassen der Bevölkerung Bedacht nehme.

Nach 4½stündiger Sitzung beschloß endlich die Deputation mit allen gegen nur 2 Stimmen „auf Grund des Gutachtens der technischen Kommission und in eigener voller Überzeugung" die Ausführung des Sielsystems nach Lindley's Projekt, und die Baudeputation erhielt sogleich den bestimmten Auftrag, unter Lindley's spezieller Leitung mit den Arbeiten zu beginnen. Fand hierdurch einerseits die Sielfrage eine plötzliche Beantwortung mittels Spaten und Kelle, so richtete sich andererseits der vielfache bisher dem Projekt entgegengewandte Widerspruch nun gegen die Arbeiten. Auch gegenüber der Bürgerschaft hatte die Deputation eine schwere Zeit durchzukämpfen, weil wegen so beträchtlicher Kostenvermehrung nicht noch einmal eine Vorlage gemacht war. Ganz unbegründet

---

[1]) Siehe über die außerhalb der Brandstelle vorgesehenen Sielstrecken den Plan zum Bürgerschaftsbericht vom 6. Juni 1843, worin auch die provisorische Ausmündungsstelle der Siele bei der Pulverturmsbrücke angedeutet ist, welche bis 1854 bestanden hat. — Vergleiche ferner den Sielbau-Bericht Lindley's vom Dezember 1845.

wurde auch behauptet, daß gegenteilig ausgefallene Gutachten aus Berlin u. a. O. unterdrückt worden seien. Aber nichts hielt den Bau wirklich auf, und im folgenden Jahre wurden die ca. 11950 lfd. m Siele in den Straßen des neuen Stadtteiles und zwar, wie man zu Lindley's Ehre hinzufügen muß, mit einer Kostenanschlagüberschreitung von nur 3,5 % ohne Unfall vollendet.

Auch die Siele mußten aber ihre Kinderkrankheiten bestehen, ehe sie so funktionierten wie heute und noch lange finden wir in technischen wie belletristischen Zeitschriften jener Jahre die hartnäckigsten Anfeindungen des Werkes. Man konnte es garnicht begreifen, daß die „treffendsten Begründungen der handgreiflichen Widersprüche", in die Lindley geraten sei, ungehört bleiben und seine, in langjähriger Praxis stehenden Gegner so völlig zu Stuben- und Büchergelehrten herabgewürdigt werden konnten. Die am Sielbau beschäftigten Techniker, unter denen speziell der Ingenieur Giles genannt sein möge, wurden mit besonderer Vorliebe verhöhnt. So schrieb man, als in St. Georg eine unliebsame Wirtschaft entstanden war: ruft die Ingenieure, damit sie hier studieren, wie das Sielgefälle praktischer Weise beschaffen sein müßte, denn der unreine Abschaum der Stadt treibt hierher, statt in die Elbe. Die Einwohner spotteten: das Siel bringt uns eine hohe Miete, aber die Vorteile sind eine hohe Mythe, u. s. w. Als 1845 unverhofft einmal durch die Sturmflut im Januar die Keller der großen Bleichen überschwemmt wurden, da sagten die bösen Zungen, Hamburg habe mit dem Siel eine teure Brille aufgesetzt, hinter der schon jetzt die Tränen der Reue hervorquöllen; und als im Herbst desselben Jahres 46 Fuder Bauschutt aus den Sielen beseitigt werden mußten, da sprach man von dem Balken im eigenen Auge, den man nicht sehen wolle. — Trotz allem aber bewährte sich das Siel, obgleich der Ausfluß 10 Jahre lang gar nicht einmal in den großen Elbstrom, sondern nur bis zum Herrengrabenfleth geführt war, von Jahr zu Jahr besser und heute können wir über jene Äußerungen wohl lächeln; aber das ist gewiß, wenn damals jemand den streitenden Parteien gesagt hätte, daß 30 Jahre später, 1877 Hamburg die zwei späteren Kaiser des Deutschen Reiches, Friedrich und Wilhelm II., um ihnen die größte Sehenswürdigkeit der Stadt zu zeigen, in einem Kahn durch seine Sielröhren fahren würde, dann hätte man nicht nur gelächelt, sondern hätte ihn für verrückt gehalten.

Das Sielsystem würde unserer Stadt aber doch nie den Segen gebracht haben, den wir heute durch dasselbe genießen, wenn nicht ein allgemein vermehrter Wasserkonsum die Leitungen rein und bis zu gewissem Grade durch starke Verdünnung des Abgangwassers, geruchlos erhalten hätte. Diese Vorteile wurden erreicht, indem die Stadt die unzureichend gewordenen Privatwasserwerke ankaufte und die im Juni 1844 von der Bürgerschaft genehmigte

Stadtwasserkunst in Rotenburgsort zur Ausführung brachte. Auch dieses große Werk ist von Lindley und zwar in Gemeinschaft desselben mit Mylne, dem Ober-Ingenieur der New-River Wasserwerke in London projektiert und in 4 Jahren erbaut worden, sodaß die Maschinen im Jahre 1848 das erste Wasser durch die neuen Röhren nach der Stadt führen konnten. Auch diese Röhren liegen freilich unter der Erde, aber an dem praktischen Gelingen der Wasserleitung hat von vornherein niemand gezweifelt. Der Kostenanschlag betrug über 2 Mill. M.[1]), indes die ungeheuren Vorteile, sowohl für das Feuerlöschwesen wie für das Gemeinwohl, hatten alle Bedenken überwunden. Beide Werke ergänzen sich gegenseitig und bilden heute mit einander die wichtigsten Faktoren für die sanitäre Grundlage unseres städtischen Zusammenlebens.

Weiter hatte auch die Beleuchtungsfrage der Stadt schon lange Anlaß zu vielfachen Erörterungen gegeben, die bei beginnendem Wiederaufbau nun plötzlich zur Entscheidung drängten; die Bedienung der ehemaligen Öllampen verschlang alljährlich sehr große Summen und jetzt war hinzugekommen, daß von den alten hölzernen Leuchtenpfählen das Feuer einen erheblichen Teil ganz zerstört hatte. Auch stiegen die Ölpreise, sodaß der Beleuchtungsetat am Schluß des Jahres 1842 bis zu einer Höhe von 258000 M. oder fast 100000 M. höher als im Vorjahre angelaufen war. Daher genehmigte die Bürgerschaft im Februar 1843 die vom Senat vorgeschlagene Übereinkunft mit einer Privatgesellschaft, der die Erleuchtung der Straßen mit Gaslicht, sowie die Abgabe von Gas an Privatleute auf 30 Jahre überlassen werden sollte. Hierauf hat sich die Gaskompagnie mit einem Kapital von 2,25 Mill. M. in Aktien à 7 500 M. gebildet, und die städtischen Beleuchtungskosten haben sich in den folgenden Jahren auf rund 180000 M. belaufen. Die Kompagnie hatte anfänglich aber vielerlei Schwierigkeiten zu überwinden und besonders fatal wurde ihr eine Sturmflut, bei der am 7. November 1845 ein nicht genügend fundamentierter Gasometer am Grasbrook versank und einstürzte, welcher Unfall einen Schaden von 120000 M. nach sich zog.

Wenden wir uns nun zu dem Straßenoberbau, so bedarf es keiner langen Erklärung darüber mehr, weshalb die Pflasterung der Straßen nach dem Brande ganz ungeheure Summen verschlungen hat. Denn wenn man sich erinnert, daß die meisten Straßen durch aufgeschütteten neuen Boden erhöht werden mußten, und daß dem Wagenverkehr, welcher in der Stadt der vielen Bauten wegen fast nur aus schwerem Lastfuhrwerk bestand, das Pflaster anfangs nur sehr schwer

[1]) Anfangs wurde das Wasserwerk von nur 2 Dampfmaschinen mit zus. 80 Pferdekräften betrieben. Gegenwärtig dienen demselben 7 Maschinen mit zus. 1400 Pferdekräften.

Widerstand zu leisten vermochte, und wenn man dann die fast ununterbrochen notwendigen Aufgrabungen hinzurechnet, die durch das Einlegen der Leitungsröhren unvermeidlich wurden[1]), so ist man bei dieser Position sicher auf eine hohe Summe gefaßt. Die Kosten haben sich für das provisorische Straßenpflaster, mit einer Kostenanschlagüberschreitung von reichlich 25 % denn auch auf 953500 M. belaufen, wogegen die Kosten des definitiven Pflasters mit 855000 M. die Anschläge nur um 4 % überschritten haben. Das Material für das definitive Pflaster wurde aus der näheren und weiteren Umgegend bezogen. Zwei Ausschreibungen im Dezember 1842, die sich jede auf 750 kbm Pflastersteine und 570 lfd. m Kantsteine beziehen, forderten z. B. zu Offerten aus dem Distrikt Trittau-Reinbek und dem Distrikt Stade auf. Für beide Ausschreibungen war vorher die Einholung der Genehmigung des Königs von Dänemark bezw. von Hannover erforderlich gewesen. Auf einigen Brücken wurde damals auch schon Holzpflasterung angewendet, doch beläuft sich die hierfür in Rechnung gestellte Summe nur auf 22500 M.

Eine besondere Neuerung für die Hamburger Straßen bildeten die Bürgersteiganlagen, die nach dem Brande in allen neuen Straßen gebaut und meistens auf Ziegelpflasterung mit Asphalt belegt wurden. Der Preis für diese Ausführung stellte sich auf 7,55 M. pro qm, wovon die Eigentümer die Hälfte als einmaligen Beitrag zusteuern mußten. Das Reihenpflaster für die Thorwegüberfahrten kostete pro qm 11 M. und mußte zum vollen Betrag von den Besitzern vergütet werden.

Ferner ist an dieser Stelle die große Erdarbeit der Abtragung des Glockengießerwalles und Einschüttung des Alsterdammes zu erwähnen, welcher damals als aus Feuer, Wasser und Erde geboren bezeichnet wurde. Daß diese ganze Anlage nur 443750 M. gekostet hat, ist darauf zurückzuführen, daß ein nicht unbeträchtlicher Teil der Einschüttung des Dammes mittels Schuttabfuhr aus der Stadt bewerkstelligt und hier nicht eingerechnet ist.

Wenden wir uns nunmehr zu den Brücken- und Uferbauten, so betreten wir dasjenige Gebiet, in welchem unsere damaligen Baubeamten sich ein wirkliches und großartig gelungenes Denkmal des Ruhms gesetzt haben. Außer den bereits vielfach genannten Ober-Ingenieur Heinrich und Baudirektor Wimmel muß hier seit des Letzteren 1845 erfolgtem Tode seines Amtsnachfolgers Fors-

[1]) Vorgeschlagen hat Lindley sogar damals schon, in den Hauptstraßen Siele von 2 m Breite und 3 m Höhe zu bauen, die oberhalb des gewöhnlichen Sielwasserstandes eine Gehbahn enthalten sollten, und innerhalb welcher später Gas- und Wasserröhren untergebracht werden könnten. Er berechnete den Preis indeß auf 210 M. pro m und das Projekt ist gar nicht zur Verhandlung gelangt.

mann und unter den übrigen Mitarbeitern vor Allem des Bau-Inspektors Johann Hermann Maak[1]) in höchster Ehre gedacht werden. Sie alle haben in der unermüdlichen Hingabe für das Zustandekommen des großen Werkes ihre vollste Lebenskraft gewidmet. Zu weit würde es führen, wenn wir hier jedes einzelne Bauwerk schildern wollten. Nein! wir sind überzeugt, daß auch die

Ansicht der runden Treppe an der kleinen Alster.

gegenwärtige Generation es noch ohne besondere Hinweise nachfühlen kann, welch großartigen Eindruck damals die vollendeten Bauten gemacht haben müssen.

---

[1]) Maak erhielt 1836 bei dem Wettbewerb um das Projekt zur Börse den 2. Preis von 850 M. und erbaute später als sein hauptsächlichstes Werk die Lombardsbrücke, bezügl. welcher wir noch besonders hervorheben müssen, daß er es war, der trotz vieler gegenteiligen Meinungen es durchgesetzt hat, daß unter der Brücke ein Sieldüker von 2,15 m zu 2,58 Weite zur Ausführung kam, durch welchen allein später die Überführung des Sielwassers von St. Georg in das Geeststammsiel möglich wurde. Er starb, noch ehe die Brücke vollendet war, i. J. 1867.

Der Bau aller Brücken erfolgte in massiver Steinkonstruktion. Sie erhielten die volle Breite der Straßen und sind vorzüglich ausgeführt. Die Geländer sind zum Teil aus Sandstein, zum Teil auch aus Gußeisen hergestellt und überall mit gußeisernen Kandelabern im Styl der damaligen Renaissance geschmückt.

Der vornehmste Bau ist die Reesendammsbrücke in ihrer Breite von 30 m und mit 5 großen Bogenöffnungen. Begrenzt von den schönen Uferbauten der kleinen Alster, und andererseits sich dem weiten Blick über die Binnenalster öffnend, böte sie gewiß den herrlichsten Platz zur Aufstellung unseres Kaiser-Wilhelm-Denkmales. Als der kunstvollste Bau muß derjenige der Schleusenbrücke bezeichnet werden, deren gediegene Konstruktion noch bei der im verflossenen Jahre erfolgten Veränderung von neuem glänzend zu Tage getreten ist. Den Landungsplatz mit der runden Ecke zeigt unser Bild; welcher Hamburger möchte hiervon etwas missen? Alles ist uns so typisch geworden, als gehörte es ein für allemal unabänderlich zum Stadtbild. Auch die Adolfsbrücke und die Holzbrücke sind vortrefflich durchgebildete Bauwerke und die Quaianlage am Mönkedamm mit den beiderseitigen Landungstreppen könnte auch heute nicht schöner hergestellt werden. Im ganzen sind 12 Brücken völlig neu gebaut, die Trostbrücke repariert, und die Graskellerbrücke wesentlich verbreitert und deren Schleuse mit Sicherungseinrichtungen gegen Sturmfluten ausgestattet. Der hierfür erforderlich gewesene Gesamtbetrag, einschließlich der Aufwendungen für Uferbauten, für Verbreiterung von Flethen 2c. beträgt 2 643 250 M. und es kann hervorgehoben werden, daß die verschiedenen Mehr- und Minderbeträge aller Kostenanschläge trotz vieler äußerst komplizierten Bauausführungen in allem nur einen Mehrbetrag von 0,5 % ergeben haben.[1])

Endlich ist noch der Hochbauten zu gedenken, deren Ausführung durch den Brand notwendig geworden war und die bezüglich ihrer Herstellungsweise an und für sich ihren Schöpfern wohl ebenso gut zum Ruhm gereicht haben könnten wie die Brücken, wenn nicht ein Unstern darüber geschwebt hätte, der die bestimmenden Verhältnisse fast überall in kurzer Zeit so änderte, daß ein großer Teil derselben den gewünschten Zweck verfehlt hat. Hier sind zunächst die Verkaufshallen am Pferdemarkt und Hopfenmarkt zu nennen, für die man ein dringendes Bedürfnis voraussehen zu müssen glaubte und von denen nachher, doch besonders die erstere, erbaut von Forsmann[2]), schon von ihrer Eröffnung im Jahre 1845 an niemals einen dem für sie gemachten Aufwand entsprechenden Zweck erfüllt hat, bis sie endlich 1882 durch die Architekten Schmidt und Neckelmann umge-

[1]) Vergleiche die Abbildungen mehrerer dieser Brücken in: Hamburg und seine Bauten. Hamburg 1890, Seite 355 u. ff.

[2]) Siehe Försters allgem. Bztg. 1847.

baut wurde und zu einem bessern Dasein als Bierlokal erwachte. Auch die Hallen auf dem Hopfenmarkt erfüllten in vieler Beziehung nicht die Erwartungen, die man an sie geknüpft hätte, und sie sind endlich im Jahre 1889 gänzlich beseitigt, sodaß jetzt der Hamburger Bedarfsmarkt zum Erstaunen aller anderen Großstädte wieder ganz unter freiem Himmel stattfindet.

Wir kommen nun zu der Börse, deren Ausführung infolge des 1836 stattgehabten Wettbewerbes 1839 bis 41 gemeinsam von dem städtischen Baudirektor Karl Ludwig Wimmel und dem Bauinspektor Franz Gustav Forsmann bewirkt ist, und eine Bausumme von 744 700 M. erfordert hat.[1]) Das Bauwerk hat durch den Brand nicht unwesentlich gelitten. Speziell war durch die ungeheure strahlende Hitze, welche in der ganzen Umgebung herrschte, der äußere Ölzementputz auf großen Flächen ganz verbrannt, sodaß seine Wiederherstellung die Summe von 43 000 M. erfordert hat. Für alle im übrigen beschädigten Gebäudeteile haben sich die Reparaturkosten indes nur auf 4 200 M. belaufen. Die Börse war vor dem Brande ganz von Straßen umgeben und lag mit der Rückfront an der Stavenpforte und seitwärts an der Schauenburger, bezw. an der Gerberstraße. Die beiden letzteren Straßen sollten nach dem Brande erhalten werden, doch wünschte man die Börse vom Wagengeräusche zu isolieren und projektierte deshalb, vielleicht unter Anlehnung an das seinerzeit von Semper aufgestellte Stadtprojekt, zwei Fußwege von 17,5 m, die in einer Breite von ca. 4,5 m gedeckte Bogengänge erhalten sollten. An diesen Arkaden sollten vermietbare Kontore liegen und hinter denselben sollten sich die Rückseiten der angrenzenden Wohnhäuser anschließen. Dieser, an sich vielleicht nicht so üble Gedanke wurde an der Südostseite der Börse entsprechend Wimmels Projekt nach dessen Tode 1845 durch Lindley mit einem Kostenaufwande von 245 400 M. verwirklicht.[2]) Es war hiernach zwischen der Börse und den Arkaden das sogenannte Plateau entstanden, das aber infolge der mittlerweile gewachsenen Bedürfnisse gar nicht als Straße, sondern als Erweiterung der Börse benutzt wurde. Da es in diesem Sinne natürlich sehr unzweckmäßig angeordnet war, so beschloß man 1859, das Plateau mit Glas zu überdachen. Hierdurch wurde unter erneutem Aufwande von 120 000 M. die heutige Kornbörse geschaffen, die ein viel zu niedriger Raum ist, den Hauptraum verdunkelt und unter Bezug auf die aufgewandten hohen Baukosten zu endlosen Klagen Anlaß gegeben hat. An der entgegengesetzten Seite waren die von Stiefvater

[1]) Siehe Förster, Allg. Bztg. 1848 und Denkschrift des Kommerziums an die Eröffnung der neuen Börse, Hamburg 1891.

[2]) Es sind für diesen Bau die Feuerkassen-Entschädigungsgelder für die dem Staat gehörigen vermietbaren Wohnungen der ehem. Domkurien, ꝛc. verwendet.

vor dem Brande erbauten alten, die Börse etwas überragenden Häuser stehen geblieben und gaben zu den Spottversen Anlaß:

Da steht sie eine Zwergin neben Riesen,
Ein Stiefkind neben ächten Leibeserben.
Wie hat sich Alles um sie her verwandelt,
Und wie ist sie stiefväterlich behandelt.

In einem dieser Häuser wurde die Hauptwache des Bürgermilitärs eingerichtet und hat hier 1848 bis 68 bestanden, im übrigen waren daselbst Bureaus, u. a.

Börse.

Mit den s. Z. projektiert gewesenen beiderseitigen Arkaden-Bauten.

auch lange Zeit diejenigen der Baudeputation. Der Abbruch dieser Häuser ist erst 1879 erfolgt, wonach endlich die Architekten Hanssen und Meerwein 1880 bis 1884 durch den nördlichen Anbau für die Börse eine wirklich durchgreifende Erweiterung geschaffen haben. Die hierfür aufgewandten Kosten beliefen sich auf 875 000 M. Noch tiefer aber wird man in den Säckel greifen müssen, um die an der Südseite belegenen Häuser und den verfehlten Arkadenbau niederzulegen, wenn, wie gegenwärtig in Aussicht genommen ist, die Börse durch einen entsprechenden Anbau auf der Südseite demnächst zur wirklichen Vollendung gebracht werden soll.

Weiter folgt der Bau der Stadtwassermühle, welcher nach langem Überlegen endlich 1853 durch den Bauinspektor Maak zur Ausführung gebracht ist.

Gewiß hat die Mühle während dreier Jahrzehnte durchaus das geleistet, auf was sie eingerichtet war. Aber auch über dieses Institut sind die Zeitverhältnisse hinweggegangen. Der Staat hatte wenig Interesse mehr daran, das Mahlwesen seinerseits zu pflegen und allmählich schwand dann die Leistungsfähigkeit dahin, indem die Alsterschiffahrt neu und lebenskräftig erblühte und die Wasserkraft des Flusses fast ganz für das Durchschleusen der Schiffe in Anspruch genommen wurde, deren Anzahl in ungeahnter Weise nach und nach auf viele Tausende im Laufe des Jahres[1]) gestiegen ist. Wohl möchte es daher zu wünschen gewesen sein, daß auch die Stadtwassermühle beseitigt und unter der Poststraßenbrücke der Schiffahrt und dem Wasserabflusse ein neuer Weg eröffnet wäre. Aber der Gedanke an ein so weitgehendes Aufgeben des Bestehenden war noch nicht reif, sodaß das Gebäude erhalten blieb und seit 1888 die Zentralstelle für die städtischen Elektrizitätswerke hat aufnehmen müssen.

Noch erübrigt die Erwähnung des Gefängnisses in der Ferdinandstraße, welches an der äußersten Grenze der Stadt erst 1830 von Wimmel neu und massiv erbaut war, und nur bezüglich seiner brennbaren Teile vom Feuer zerstört worden ist. Man beschloß, das ehemalige Lombardgebäude am Sägerplatz zum Detensionshause einzurichten, und die Zuchthäusler nach der Ferdinandstraße zu verlegen. Das Haus wurde daher wieder in Stand gesetzt, um ein Geschoß erhöht und steht noch heute, wo die an ihm vorüberführende Straße zum verkehrsreichsten Hauptweg der Stadt geworden ist, als ein düsteres Menetekel vergangener Zeiten da. Auf seiner Rückseite nach den Raboisen zu war der Platz für die neue Nachtwächterhauptwache ausgelegt, für welche aber die Mittel nicht bewilligt wurden, sodaß die Behörde sich vorläufig noch mit dem alten Wachtgebäude auf dem Pferdemarkte behelfen mußte. Als die Zahl der unbeschäftigten Arbeiter aber 1848 eine bemitleidenswerte Höhe erreichte, da vereinigten sich eine Anzahl wohlhabender Bürger und ließen dieses Gebäude, das auf 33 000 M. veranschlagt war, auf Privatkosten errichten, um jene Leute zu beschäftigen. Später ist die Wache dann um ein Geschoß erhöht worden. Neben derselben war schon im Jahre 1847 der neue Herrenstall für die Summe von 29 400 M. erbaut. Derselbe ist nach Aufhebung der reitenden Diener und Freigabe des Leichenfuhrwerks eine zeitlang vermietet, dann aber den reitenden Konstablern eingeräumt worden.

Endlich müssen wir unter den, durch den Brand veranlaßten Bauten noch zweier Anstalten gedenken, deren Ausführung damals zwar nicht sogleich

---

[1]) J. J. 1888 sind 30 000, i. J. 1889 37 300 Fahrzeuge durchgeschleußt, d. i. etwa 60 Wintertage abgerechnet 125 Durchschleusungen pro Tag.

erfolgen konnte, aber doch mittelbar durch die Katastrophe veranlaßt wurde. Wir meinen die Wiederherstellung des 1842 zerstörten Werk-, Zucht- und Armenhauses und des Waisenhauses, welches als Ersatz für das Rathaus dienen und geräumt werden mußte. Bezüglich des ersteren ist bereits ausgesprochen, daß eine Teilung der Anstalt vorgenommen war, indem an Stelle des Zuchthauses das ehemalige Detensionshaus trat, während die Insassen des Werk- und Armenhauses längere Zeit provisorisch auf der Uhlenhorst untergebracht gewesen sind. Für den Neubau der Anstalt war ein Grundstück auf dem Käthnerkamp in Barmbeck in Aussicht genommen und schon 1844 wurden von den Architekten Schaeck und Kawerau und von Schlösser Projekte für den Neubau aufgestellt, deren Ausführungskosten man indes zu hoch erachtete. Hierdurch verzögerte sich die Angelegenheit bis 1851, wo dann endlich das besagte Areal in Größe von 126 000 qm für 76 800 M. (d. i. pro qm 0,61 M.) vom Staat erworben wurde. Da Schaeck und Kawerau Hamburg inzwischen bereits verlassen hatten, erhielt hierauf der Architekt Schlösser den Auftrag für den auf 700 Insassen berechneten Neubau, dessen Kosten sich auf 594 000 M. belaufen haben und der 1853 vollendet ist. — Noch länger verzögerte sich der Neubau eines Waisenhauses, indem erst nach vielen sonstigen Vorschlägen 1853 das Grundstück zwischen der jetzigen Bleicherstraße und dem Schulweg auf der Uhlenhorst erworben wurde. Dasselbe mißt 92 500 qm und kostete damals 69 000 M. (d. i. pro qm 0.75 M.). Für den Bau wurde der Weg einer öffentlichen Konkurrenz eingeschlagen, zu welcher bis ult. Mai 1854 15 Projekte einliefen, von denen das von Architekt Luis den ausgesetzten Preis von 1 700 M. gewann. Der Bau wurde Maurermeister Condy übertragen und im Herbst 1858 vollendet. Die Kosten haben sich auf 472 800 M. belaufen, wofür das neue Waisenhaus mit einer Kirche ausgestattet und zur Aufnahme von 500 bis 600 Kindern eingerichtet ist.[1])

Wir lassen hierunter eine allgemeine Zusammenstellung der Baukosten folgen, welche dem Staat aus den durch den großen Brand notwendig gewordenen Bauausführungen erwachsen sind:

1. Allgemeine Unkosten.

Vermessung der Brandstätte durch den Geometer Nagel	M. 43 950 —	
Außerordentliche Gehalte, Gratiale ꝛc.	„ 237 350 —	M. 281 300 —
	Übertrag:	M. 281 300 —

[1]) Siehe Vogelsang, das Hamburger Waisenhaus.

		Übertrag: M.	281 300 —

2. Tiefbaukosten.

Sielanlage auf der Brandstelle	M.	1 450 000 —	
Provisorische Straßenpflasterung	„	953 500 —	
Definitive Straßenpflasterung	„	855 000 —	
Bau der Bürgersteige	„	221 000 —	
Herstellung des Alsterdammes	„	433 750 —	„ 3 923 250 —

3. Brückenbauten.

Reesendammsbrücke 1845/46	M.	265 300 —	
Regulierung der kleinen Alster	„	62 150 —	
Schleusenbrücke u. Schleuse (1844/1846)	„	388 500 —	
Poststraßenbrücke nebst Mühlenkanal ꝛc.	„	274 500 —	
Adolfsbrücke	„	101 750 —	
Bleichenbrücke	„	88 500 —	
Verbreiterung u. Sturmflutsicherung der Graskellerschleusenbrücke (1846/47)	„	113 500 —	
Mühlenbrücke und Schleuse	„	122 650 —	
Holzbrücke (1845 bis 47)	„	156 000 —	
Landungsplatzanlagen daselbst	„	117 500 —	
Reparatur der Trostbrücke ca.	„	5 000 —	
Diverse Notbrücken und die kleinen Brücken am Neuenwall und Altenwall, sowie Börsenbrücke, Görttwieten- und Steintwietenbrücke	„	130 000 —	
Quaibauten am Mönkedamm, Reesendamm ꝛc.	„	411 000 —	
Verbreiterung von Flethen und div. andere Kosten	„	406 900 —	„ 2 643 250 —

4. Hochbauten.

Markthalle am Pferdemarkte	M.	198 150 —	
Markthalle am Hopfenmarkte	„	114 450 —	
Börsenreparatur	„	47 200 —	
Börsenarkaden	„	245 400 —	
Stadtwassermühle m. Einrichtung (1853)	„	180 000 —	
Übertrag:	M.	785 200 —	M. 6 847 800 —

		Übertrag: M.	785 200 —	M. 6 847 800 —
Umbau des ehem. Detensionshauses zum Zuchthause ca.		„	25 000 —	
Raboisenwache auf Privatkosten erbaut.				
Herrenstall		„	29 400 —	
Erwerbung des ehem. Waisenhauses		„	502 500 —	
Umbau desselben nebst Einrichtung und Bau des Militärwachtlokals ca.		„	50 000 —	
Neues Waisenhaus nebst Grunderwerbskosten	M. 541 800 —			
Ab für das ehem. Waisenhaus	M. 502 500 —	„	39 300 —	
Werk- und Armenhaus nebst Grunderwerbskosten		„	670 800 —	„ 2 102 200 —
			Total:	M. 8 950 000 —

8. Die Privatbauten.

Nur wenige der Bauausführungen, die nach dem Brande entstanden sind, heben sich heute noch aus der großen Allgemeinheit des im ganzen nüchternen und inhaltlosen Reliefs der damaligen allgemeinen Formgebung des Renaissancestils hervor. Kunst und Kunstgewerbe hatten seit der Franzosenzeit brach gelegen. Als 1840 die Börse gebaut wurde, wünschte Wimmel, die Flächen über den Bogenöffnungen mit einem „klassischen römischen Fries" zu schmücken. Aus Mangel an hiesigen geschickten Bildhauern konnte er aber keinerlei allegorische Gegenstände nach Wunsch gearbeitet erhalten. Rührend spricht er in seinem Tagebuche aus, wie froh er gewesen sei, bei dem Bildhauer Winck[1]) den Abguß eines römischen Frieses zu finden, den letzterer aus Paris mitgebracht hatte. Es sei dann zwischen den beiden Greifen als Symbol der Kaufmannschaft der Merkurstab eingefügt, und da anderweit nichts Erträgliches zu bekommen gewesen sei, habe man diesen Fries innen und außen und beide Male oben und unten überall wiederholen müssen. Das Publikum war aber weniger anspruchslos, wie die Künstler unfähig, sodaß Wimmel sich beklagt, daß ihn dieserhalb unverdientermaßen Spott getroffen habe. Für diese Zustände gewährte auch die Lösung der vielseitigen Aufgaben, die nach dem Brande an das Baufach herantraten, zunächst nur eine geringe Besserung. Denn wie oben bereits gezeigt ist, mußte die große erste Hälfte der in Angriff genommenen Bauten notwendig den Stempel der Eile ihrer Ausführung tragen, und gleichfalls ist schon ausgesprochen, wie sehr die spätere Hälfte unter dem Drucke der Zeitverhältnisse, die inzwischen hereingebrochen waren, gelitten hat. Nichtsdestoweniger können wir uns unter den Mitarbeitern einer namhaften Zahl hochbegabter Männer rühmen, die ihr möglichstes gethan haben, das Kunstgewerbe zu besserem Können zu heben. Der ganze Zeitabschnitt, der für den Bau des neuen Stadtteils erfordert wurde, ist

---

[1]) Der Sohn Winck's, Louis Winck, wurde ein sehr tüchtiger Bildhauer und hat später u. a. die Statue Zegenhagens am Nordportal der St. Nikolaikirche und die Hälfte der Apostelfiguren im Chor ausgeführt. Siehe: Stöter, Geschichte und Beschrbg. des St. Nikolai-Kirchenbaues, Hamburg 1883.

indes zu kurz gewesen, um eine eigentliche Schule zu begründen, und die Bauthätigkeit hörte ferner sehr plötzlich wieder auf, sodaß später nirgends Gelegenheit blieb, die gewonnenen Vorteile zu festigen und weiter auszubilden. Auch kamen für jene kurze Periode sehr viele fremde Architekten und Bauhandwerker nach Hamburg, die später keine bleibende Stätte hier fanden, und die größte monumentale Bauunternehmung, die St. Nikolaikirche, entwuchs einem fremdnationalen Boden, schritt auch anfänglich zu langsam vorwärts, sodaß durch sie gleichfalls eine nachhaltige Rückwirkung nicht herbeigeführt werden konnte.

Waren sonach die Umstände für die künstlerische Ausbildung wenig günstig, so trat damals mit dem Bau der ersten Etagenhäuser auch für die Anordnung der Räume im Grundriß eine Übergangsperiode ein, die durchgekämpft werden mußte. Viele der gleich nach dem Brande gebauten Häuser enthalten daher nur eine Folge willkürlich aneinandergereihter Zimmer und die Treppen, Vorplätze und Wirtschaftsräume sind oft über alle Beschreibung eng, dunkel und verwahrlost angelegt. Immerhin haben diese Häuser gegen die Bauten der Gegenwart vielfach den Vorteil, größere Zimmer bis zu 4,75 m zu 7 m zu enthalten, was nicht nur für das Bewohnen sehr angenehm ist, sondern auch die gegenwärtig meistens gewünschte Einrichtung zu Geschäftsräumen sehr erleichtert. — Die Disposition der Familienhäuser andererseits, für welche damals schon ein ganz bestimmter und sehr beliebter Typus bestand, kann nur gerühmt werden und es bestehen diese Häuser in großer Zahl noch gegenwärtig ganz unverändert.

Fragen wir nun, wer jene Männer waren, welche in baulicher Beziehung an Hamburgs Wiedererstehung mitwirkten, so sind die bedeutendsten Privatarchitekten de Chateauneuf, Klees Wülbern, Reichardt, Professor Fersenfeldt und Franz Georg Stammann bereits oben genannt. Zu ihnen kommen hauptsächlich: Architekt Burmester (geb. 1802), welcher 1831 den südlichen Anbau an der St. Katharinenkirche ausgeführt hat; ferner der ebenso alte Architekt Heinrich Schlösser aus Lübeck und der schweizerische Architekt August Meuron, welche sich beide eine sehr ausgedehnte Praxis zu schaffen wußten. Ferner der spätere Verfasser der Geschichte der Baustile Albert Rosengarten aus Kassel (geb. 1810) und der gleichfalls 1810 geborne hiesige Architekt Eduard Averdiek, welcher kurz vor dem Brande. die Bebauung der Büschstraße mit ihren eigentümlichen mit der Hinterseite gegen die Grenzen stehenden und seitwärts Licht empfangenden Häusern ausgeführt hat; sowie endlich der um sechs Jahre jüngere Architekt Georg Luis, welcher aus mehreren Preisbewerbungen siegreich hervorgegangen ist. Als Bildhauer jener Zeit dürfen wir nicht unerwähnt lassen Franz Schiller, der sich 1843 und Ernst Vivié, der sich 1845 in Hamburg niederließ und die beide mit ernstem Wollen und tüchtigem Können ihre Aufgaben beherrscht haben. Zu ihnen gesellte sich die große Zahl der durch den Brand herbeigezogenen fremden Architekten. Um den besonderen Anteil aller dieser hauptsächlich am Neubau beteiligten Künstler namhaft zu machen, bitten wir den Leser, uns auf einem Spaziergange durch den neuen Stadtteil begleiten zu wollen.[1])

Wir gehen vom Stadthause aus, welchem gerade gegenüber de Chateauneuf 1831 das neue Stadtposthaus erbaut hatte, das 1848 geräumt, dann zu Verwaltungsbureaus benutzt und 1874 abgebrochen wurde. Darauf folgen rechts die alten Häuser Nr. 71 bis 77, die schon vor dem Brande erbaut sind und die Straße noch immer auf ihre ehemalige Breite von nur 10,3 m einengen. Sie werden seit 1873 zu Verwaltungsbureaus benutzt und harren der Vollendung des Stadthausanbaues, um dann endlich abgebrochen zu werden. Auf dem Grundstücke Nr. 69, welches jetzt den Laden von Mey & Edlich enthält, stand ehedem mit geräumigem Vorgarten nach der Straßenseite das zu Anfang des vorigen Jahrhunderts erbaute Gast- und Krankenhaus. Das schöne Portal mit der Inschrift: Salve Hospes, sowie die ursprüngliche Front an der Kanalseite sind noch erhalten. 1830 erweiterte Architekt Burmester das Haus durch den einen Hof umschließenden Vorbau, der sich bis an die alte Straßenflucht erstreckt hat, und als 1858 das Gast- und Krankenhaus nach dem von Architekt Rosengarten errichteten Gebäude in der Neustraße in St. Georg verlegt war, hat Architekt Georg Luis dem Hause seine jetzige Gestalt gegeben. Nun folgt Nr. 63 bis 67, das jetzt Beinhauer-Gerlachsche Haus, einer der großartigsten Neubauten, der bald nach dem Brande auf dem ehemaligen Grundstücke des Hotels zur Sonne von Architekt Schlösser errichtet wurde. Nur im Innern mußte dieses Haus seinen gegenwärtigen besonderen Zwecken entsprechend im Jahre 1881 von Architekt Robertson umgebaut werden. Ein ähnlich großartig ausgebildetes Ladenfenster zeigt das gegenüberbelegene Haus Nr. 54 bis 58, eine tüchtige Schöpfung des Architekten Max Koppel. Dieser Bau imponierte den Zeitgenossen so sehr, daß ein Spottvogel über der großen Lichtöffnung einst ein Schild mit der Inschrift: „Eingang zu Streits Hotel" befestigte, da man dessen Portal allgemein als viel zu eng und niedrig für das große Gebäude erachtete. Das Eckhaus der Bleichenbrücke, Neuerwall Nr. 50, war ehedem die Tonhalle und ist von demselben Architekten erbaut. Drei mächtige Portale führten in das großartig angelegte Innere und die Hamburger glaubten, dem Tonhallen-

[1]) Es sei darauf hingewiesen, daß unter dem Titel Chr. Fuchs, Hamburgs Neubauten 1844 bis 1848 auf 60 Blatt Lithographien eine Darstellung vieler Façaden aus dieser Bauperiode erschienen ist.

unternehmen einen so großen erziehlichen Wert beimessen zu können, daß die Blätter bei Gelegenheit des Richtfestes den 25. Mai 1844 schrieben, man werde die aufgewandten Kosten später an Zuchthäusern wieder ersparen. Leider aber hatten die Besitzer nicht Geld genug, das Erziehungswerk durchzuführen, und 1861 ist das Haus mit wenig Kunst und viel Behagen zu Wohnzwecken umgebaut. Schräg gegenüber folgt gleich jenseits des kleinen Flethzuges das Davenportsche Haus[1]), ein großer Backsteinbau von de Chateauneuf, der im Äußern allerdings schon sehr verschwärzt ist, dessen große Flur- und Treppenanlage ihn aber schon auf den ersten Blick über den allgemeinen Typus der übrigen Häuser hinaushebt. — Speziell im Äußern durch seinen jetzigen Besitzer vorzüglich gehalten ist das Kimmelstielsche Haus Nr. 39, ein Bau in wahrhaft vornehmen Verhältnissen von Architekt F. G. Stammann. Reich reliefierte Terrakotten schmücken das Portal und das Hauptgesims; die vier Medaillons über dem Hauptgeschoß hat Thorwaldsen für den kunstsinnigen ehemaligen Besitzer Commeter modelliert. Gegenüber liegt das Heimerdingersche Haus Nr. 34 von Architekt Brock, welches ehemals niedriger und mit einem Treppengiebel abgeschlossen war. Derselbe Architekt hat auch das Haus der Homannschen Konditorei Nr. 22 erbaut. Auf dieses folgt Nr. 18 noch ein, freilich minder bemerkenswertes Haus von de Chateauneuf.

Wenden wir uns wieder der gegenüberliegenden Seite zu, so tritt uns in dem Meißnerschen Hause Nr. 21 der hochbegabte Architekt G. G. Ungewitter entgegen, der hier seinerzeit mit dem Architekten Martens zusammenzuarbeiten pflegte, bis letzterer als Stadtbaumeister nach Kiel übergesiedelt ist. Sie liebten die normannisch gotisierenden Formen, die sie sehr gewandt zu behandeln wußten. Jetzt in die Schleusenbrücke einbiegend sehen wir rechts Nr. 9 bis 13 ein im Auftrage des Konditors Paulsen errichtetes Werk des Architekten Theodor Bülau, des seinerzeit eifrigsten Verfechters des rein gotischen Baustiles. Infolge seines konsequenten Verharrens bei dem unverputzten Rohbau, mußte er manchen Scherz der Zeitgenossen über sich ergehen lassen, ertrug den Spott aber mit vielem Humor. So erinnern sich u. a. seine Kollegen noch jetzt der originellen Szene, als er nach einer Sitzung des Preisgerichts für die Beurteilung der Entwürfe für die St. Nikolaikirche ein Zeitungsblatt aus der Tasche zog und daraus unter Mitbezug auf seine späteren Werke die Verse vortrug:

Und auserwählten ihn die Patrioten
Ihn nur allein den kühnen Goten,
Der Scott und Atkinson nach Würden schätzt
Und im Konditorhaus sich selbst ein Denkmal setzt!

[1]) Siehe Försters Allgem. Bztg. 1847.

War das Haus aber in der Ausführung schon gegen den in Rombergs Zeitschrift für Bauwesen von 1848 veröffentlichten Entwurf wesentlich umgestaltet, so dürfte der Autor erst recht staunen, wenn er es, durch seinen gegenwärtigen Ölfarbenanstrich den nachbarlichen Putzbauten noch ähnlicher gemacht, wiedersähe.

Wir treten nun in die Alster-Arkaden mit ihrem reizvollen Blick über die kleine Alster mit der runden Landungstreppe. In dem Bau dieser Arkaden muß eine der beachtenswertesten Bereicherungen Hamburgs nach dem Brande geschätzt werden und wir verdanken dieselbe, wie schon oben ausgeführt, hauptsächlich der technischen Kommission und der unermüdlichen Fürsprache von de Chateauneuf und Reichardt. Letzterem ist es zugleich vergönnt gewesen, mit dem Bau des St. Petersburg-Hotels einen Teil der Idee dieser Quaistraße auch selbst zu verwirklichen. Die Vollendung der Arkaden machte s. Z. auch viel Aufsehen, und als ein Blumenhändler sich daselbst aufthat, wollte man sogar Lorbeerkränze für die Erbauer kaufen.

Im Verfolg des Jungfernstieges muß zuerst das Thonetsche Haus Nr. 10 von Architekt Meuron an der Ecke des Neuenwalles durch sein hohes Erd- und Zwischengeschoß auffallen. Weiterhin Nr. 12, das Haus von Reese und Wichmann, ist von F. G. Stammann erbaut und bemerkenswert wegen seines eigenartigen, ganz aus Gußeisen konstruierten Treppenhauses.[1]) Das nächste Haus Nr. 14, mit dem Laden von Knapp und Schlesinger, gehört Dr. Antoine-Feill, an den s. Z. eine Ladung französische Kalksteine aus la Rochelle in der Normandie designiert war. Für dieses in Paris sehr gesuchte Material fand sich hier indes kein Liebhaber, sodaß der Adressat die Steine endlich zu Eigentum erwarb und durch den englischen Architekten Collet dieses Haus davon erbauen ließ. Diese Steinart hat sich daran bislang zum besten bewährt. — Das Haus Nr. 16 ist das Hotel zum Kronprinzen, ein trefflicher Bau von Klees Wülbern, und Nr. 18 bis 19 die Scholviens-Passage ist von dem Unternehmer Prätzmann erbaut, bei welchem damals der später in Bremen vielgenannte Architekt H. A. Poppe beschäftigt gewesen ist. Weiter folgt von Architekt G. Luis das Viktoria-Hotel, das hauptsächlich in seinem schönen glasbedeckten Lichthof lange Zeit einen Vorzug vor all' unseren übrigen Hotels besaß, und das Scholz gehörige Eckhaus an den großen Bleichen, welches von Professor Fersenfeldt erbaut ist.

Jenseits der Bleichen hat dem jetzigen Hamburger Hof im Jahre 1880 das Hotel de Russie weichen müssen, dessen Mittelportal den Eingang zu dem Sillem'schen Bazar bildete. Der Bau dieser großartigen Anlage, die über

[1]) Vergl. Försters Allg. Bztg. 1848 und die noch bessere Publikation in Romberg's Ztschrft. f. Bw. 1847.

2000 qm Grundfläche bedeckte, wurde von Architekt Averdiek 1842 bis 45 ausgeführt und hat mit dem Platz fast 1,5 Mill. M. gekostet.[1]) Er hatte aber den Fehler, daß er nicht nur nicht zu ebener Erde angelegt war, sondern rückseitig mit einer noch viel längeren Treppe auf die schmale und damals ganz unbedeutende Königsstraße mündete. Dies waren die Gründe, die dem Bazar den zu seinem Bestehen unerläßlich notwendigen Verkehr von vornherein fern gehalten haben. Da außerdem die Ladenbesitzer über mangelhaftes Licht klagten, so wurde es sehr bald schwer, die Läden zu dem ihnen zukommenden Preise zu vermieten und schon im Frühjahr 1850 mußte der Bazar zum Verkauf angesetzt werden. Es fand sich aber bei dem Gebot von 840 000 M. noch kein Käufer und erst in einem zweiten Termin am 10. Dezember desselben Jahres kam ein Abschluß mit 516 000 M. zu Stande. Nachdem solchergestalt 65 % des Wertes schon nach 5 Jahren verloren waren, hat der Bazar noch 3 Jahrzehnte lang sein schwermütiges Dasein fortgeführt. Nur während der Domzeit tummelten sich Tausende in der weihnachtlich geschmückten Halle. Aber auch in ihnen blühte den Ladenbesitzern kaum ein Gewinn, da die meisten Besucher sich durch das für Musik und Arrangement erhobene kleine Eintrittsgeld von jeder weiteren Verpflichtung freigekauft zu haben glaubten. — Neben dem Bazar und noch jetzt erhalten, baute Forsmann in besonders vornehmer Formgebung das Haus Nr. 34 für den Bankier Salomon Heine, und hierauf folgt Nr. 38, die lange, gleichmäßige Fensterreihe von Streits Hotel, welches der Unternehmer Stiefvater erbaut hat.

Wandern wir jetzt die Bleichen hinauf, so haftet der Blick zunächst an dem ehemaligen Posthause. Dasselbe, ein Backsteinbau in dem florentinischen Stil des 15. Jahrhunderts, jedoch im Charakter der Gotik gehalten, ist ein Bauwerk von ansehnlichen Dimensionen und wurde 1846 bis 48 von Architekt de Chateauneuf erbaut.[2]) Es enthielt anfangs das hamburgische, hannöversche und das Postwesen von Turn und Taxis, bis 1866 all diese Postämter zu dem norddeutschen Postamt vereinigt wurden. Der Postturm sollte zur Aufnahme des optischen Telegraphen dienen und erwies sich in seiner ersten Gestalt infolge der umliegend errichteten höheren Häuser als zu niedrig. Er wurde deshalb 1847 durch den noch jetzt bestehenden Oktogonbau erhöht. Der Zweck des Turmes ist aber schon im darauf folgenden Jahre durch die Einführung des elektromagnetischen Telegraphen illusorisch gemacht. Seit 1887 ist das Gebäude zu städtischen Verwaltungsbureaus umgebaut. Neben dem Posthause befindet

---

[1]) Siehe die Veröffentlichung in Romberg's Ztschrft. f. Bw. 1848, Försters Allg. Bztg. 1848 und Festschrift d. Arch. u. Ing.-Vereins, Hamburg 1868.

[2]) Siehe A. de Chateauneuf, Architectura publica, Berlin 1860.

sich große Bleichen Nr. 19 das Haus der Gesellschaft „Harmonie" Dieselbe ist 1789 gegründet und hat seit 1793 auf eben diesem Grundstück ihr Vereinshaus besessen. Für den Neubau wurde ein Wettbewerb ausgeschrieben, aus dem Architekt Luis als Sieger hervorging, worauf derselbe auch die Ausführung erhielt. Daneben folgt Nr. 21, in wirksamen und vornehmen Verhältnissen das freiherrlich Schrödersche Haus von Architekt Forsmann, und Nr. 23 endlich in großartigster Anordnung durch weiten Vorhof von der Straße zurückgerückt und nur durch den hohen Portalbau von dieser aus sichtbar, das Rücker'sche Haus, welches Architekt Meuron erbaut hat.[1]) Eine fürstliche Treppe führt hinauf zu dem Hauptgeschoß, wo hinter den fünf mächtigen Fensteraxen der Front die große Folge trefflich angelegter Zimmer beginnt, die schöne Sammlungen enthalten, und wo u. a. 1882 auch das Festmahl zur Feier der Anwesenheit Kaiser Wilhelms I. in Hamburg stattgefunden hat.

Ehem. Posthaus, jetziges Verwaltungsgebäude
in der Poststraße.

Wir gehen nun bis zur Bleichenbrücke und bemerken in diese einbiegend

[1]) Siehe Fuchs, Hamburgs Neubau, Hamburg 1847 Blatt 54 und Försters Allg. Bztg. 1848.

gleich rechts in dem jetzt mit dem Verwaltungsgebäude zusammengezogenen Hause Nr. 19, einen Bau von Heinrich Müller[1]), dessen gute Verhältnisse und mit zahlreichen Figurenmedaillons geschmückten Brüstungsflächen wohl beachtenswert sind. Daneben Nr. 17 wurde von Architekt Charles Horst 1851 das große Klubhaus, die Lesehalle, erbaut, die ihr Dasein aber nicht über die ersten zehn Jahre ihres Bestehens hinaus zu erhalten vermochte, wonach 1861 der Staat das Haus erwarb und es seitdem zu Verwaltungszwecken benutzt. Seine großen und hohen Räume haben außer einigen andern Verwaltungen hauptsächlich auch der Baudeputation für ihre zahlreichen Mitarbeiter und Beamten ein geeignetes Unterkommen geboten, welches neuerdings aber nicht mehr völlig ausreicht, sodaß auch Teile des gegenüberliegenden, von de Chateauneuf erbauten Hauses Bleichenbrücke Nr. 12 für diesen Zweck haben dienstbar gemacht werden müssen. Nachdem wir, unsern Weg fortsetzend, den Neuenwall gekreuzt haben, wird der Blick unwillkürlich durch den nach dem Brande 37 m breit regulierten unteren Alsterlauf und durch die zu Gesicht tretenden drei schönen Brücken gefesselt. An der Adolfsbrücke Nr. 7 erhebt sich rechts an der Ecke des Kanals das Haus von Dr. Krüß, welches Max Koppel, und weiterhin Nr. 1 das Bröcking'sche Haus, welches Professor Fersenfeldt erbaut hat.

Weiter folgt der Adolfsplatz, an welchem uns in Nr. 6, dem ehemaligen Zingg's Hotel, eine treffliche Schöpfung des Architekten Meuron entgegentritt. Das Gebäude ist 1889 durch den Architekten Martin Haller zu einem modernen Geschäftshause umgestaltet worden. Auf der andern Seite steht das ehemalige Gaborysche Haus Nr. 3 von Architekt Atkinson gewissermassen in dem Schatten seines eigenen mächtigen Hauptgesimses da. Freundlich läd uns der Mönkedamm ein, seinem mit Bäumen bepflanzten Uferweg zu folgen, und wir sehen die schönen Quai- und Landungsanlagen und biegen dann rechts in den Altenwall ein. Hier fällt das treffliche romanische Dreifensterhaus Nr. 63 von Ungewitter und gegenüber das Oppenheimsche Haus von Klees Wülbern auf, während das durch den Laden von Wilkens bekannte Haus Nr. 56 bis 58 von Architekt Rosengarten erbaut ist. Weiterhin treffen wir in Nr. 10 dem Hause der transatlantischen Feuerversicherungs-Gesellschaft wieder auf eine der hervorragendsten Ausführungen des Architekten Schlösser, der dieses Haus 1851 nach den speziellen Angaben des aus Amerika zurückkehrenden Kaufmanns Beinhauer erbaut hat. Dasselbe ist bezüglich der inneren tragenden Teile ganz aus Gußeisen konstruiert. Die Front zeigt, ebenso wie diejenige des Eckhauses Alterwall Nr. 2, welches den

[1]) Das beste Haus Müller's, der später in Bremen eine sehr bedeutende Wirksamkeit entfaltet hat, war ehem. das jetzt durch Architekt Georg Thielen gänzlich neu gestaltete Haus von Bremer & Voß am Altenwall Nr. 28.

Eberlbräu-Ausschank enthält, den damals hier sehr beliebten englisch-gotischen Stil, der besonders von dem Architekten des letzteren Hauses, Jolasse, gepflegt wurde, dessen Bauten in der Welckerstraße, nebst dem jetzigen Justizgebäude, Dammthorstraße Nr. 10[1]), ein treffliches Zeugnis für sein ernstes Können ablegen.

Der nun folgende Straßenblock zwischen Plan und Reesendamm steht ganz auf dem ehemaligen Alstergrunde und ist erst zu Anfang der fünfziger Jahre bebaut worden, wobei die Fundierung selbstverständlich viele Schwierigkeiten bot, besonders da für die Rammung durch den mit Schutt aufgefüllten Alsterkolk nur eisenbeschlagene Pfähle verwendet werden konnten. Den Neid der Kollegen erregte hierbei der Maurermeister Rogge, welcher die beiden Eckplätze Reesendamm Nr. 4 bis 7, jetzt Mosers Hotel, und Jungfernstieg Nr. 1, die Ecke vom Plan, erworben hatte. Derselbe wartete mit dem Bau bis nach Vollendung der übrigen Häuser und fundamentierte dann ohne Rammung, nur auf Konkretschüttung, was sich, vermutlich freilich unter Mitwirkung der festen Fundamente der übrigen Häuser, bis jetzt tadellos bewährt hat.

Biegen wir ein in die Bergstraße, so fällt gleich rechts Nr. 27 das jetzige Hotel de Bavière durch die kräftige Architektur Averdiek's ins Auge, welcher auch schräg gegenüber Nr. 20, an der Ecke der Hermannstraße, das Brüll'sche Haus erbaut hat. Neben dem erstgenannten zeigt sich in Nr. 25, reich geschmückt mit Büsten und Inschriften, wieder ein Werk vom Architekten Jolasse. Das gegenüberliegende Haus Nr. 24 bis 26, worin sich der Syderhelmsche Laden befindet, ist von den Architekten Ungewitter und Martens, und Nr. 21a, die rechtsseitige Ecke der Hermannstraße, mit dem Laden von Claussen und von der Osten, ist der beste Bau des englischen Architekten Atkinson. Auf der andern Seite der Hermannstraße zeigt sich in Nr. 44 das neuerdings von dem Architekten Hugo Groothoff umgebaute Meißnersche Haus, dessen Platz s. Z. bei dem 1845 stattgehabten Verkaufe von 37 500 M. auf 12 000 M. d. i. auf 53,3 M. pro qm hinuntergesetzt werden mußte, eher überhaupt ein Gebot erfolgte, wogegen der Verleger dieses Buches i. J. 1888 für das Erbe die Summe von 250 000 M. d. i. 1111 M. pro qm vergüten mußte.

Folgen wir nunmehr dem Alsterdamm, so hebt sich noch heute vor allen übrigen Gebäuden durch seine Größe das Hotel de l'Europe hervor, dessen Front von dem Architekten Brock herrührt, wogegen sich in dem vortrefflichen Grundriß und der geräumigen, bedeckten Eingangshalle die eigensten Schöpfungen der ersten Wirte Hartmann & Brettschneider darstellen. Weiterhin wird jedem das Heinickensche Haus Nr. 33 von de Chateauneuf durch seine mit vornehmer

[1]) Vergleiche Rombergs Ztschrft. 1848, woselbst sich auch eine interessante Perspektive zugleich mit Ansicht des Stadttheaters und der ehem. Bebauung der Dammthorstraße findet.

Säulenstellung eingefaßte Balkongruppe des Hauptgeschosses auffallen. Unmittelbar daneben folgt das Alsterhotel vom Architekten Luis. Die gegenüberliegende linksseitige Ecke des Alsterthors bildet das große Senator Haynsche Haus von Architekt Jolasse. Hier standen ehedem die Maschinenhäuser der Alster-Wasserkunst von Smith, als dessen Wohnung Architekt Burmester schon vor dem Brande das erhalten gebliebene Haus Alsterthor Nr. 14 an der Ecke der Ferdinandstraße erbaut hatte. Später hat derselbe Architekt auch die niedlichen Einzelhäuser Nr. 16 bis 20 und an der andern Seite jenes Eckhauses diejenigen Ferdinandstraße Nr. 70 bis 74 erbaut, welche interessante Grundrißlösungen aufweisen.[1])

Wir müssen nun noch einen Blick nach rechts in die Hermannstraße werfen, wo besonders die Häuser Nr. 20 von Architekt Meuron, jetzt als anglo-deutsche Bank bekannt, und Nr. 14, das Wesselhoeftsche Haus, auffallen, welch letzteres von Architekt de Chateauneuf erbaut und durchaus in Werksteinsockel und in Werksteingliederungen ausgeführt ist. In seiner stolzen Ruhe kontrastiert dieses Haus jetzt seltsam zu dem geräuschvollen Verkehrsleben der Straße. Gegenüber befand sich ehemals das Hotel de Saxe, dessen weitläufige Pilaster-Architektur sich über die ganzen Häuser Nr. 13 bis 19 erstreckte. Es war erbaut von dem Maurermeister Kappelhoff, einen letzten Rest seiner Front sieht man noch jetzt an dem Hause Nr. 19, wo der Bildschnitzer Lüders seinen Laden hält. Zurückgehend müssen wir noch das Haus Nr. 1 bis 3, die Ecke des Alsterthores betrachten, ein Werk Ungewitters, das durch seine seltsame Balkonausbildung auffällt, da die Tragekonsolen zugleich die Thürbekrönung bilden. Gegenüber liegt an der Ecke von Alsterthor und Ferdinandstraße die Apotheke von Grebe von Architekt Ludolff mit zierlichem Figurenrelief. Indem wir die letztere Straße weiter verfolgen, tritt rechts Nr. 65 das Haus mit Goldschmidts Laden, ein Backsteinbau von Architekt Bülau, hervor.[2]) Die trefflichen Statuen von Anschar und Karl dem Großen sind von Bildhauer Schiller. Durch den 1889 von Hallier und Fitschen geschickt bewerkstelligten Umbau hat das Haus nur gewonnen. Weiterhin steht links Nr. 52 das ehemalige Kellinghusensche Haus von Architekt Forsmann[3]), das der jetzige Besitzer durch Martin Haller freilich wesentlich hat umbauen lassen. Daneben Nr. 48 das Eckhaus der Gertrudenstraße ist von Klees Wülbern; rechts in die letztere Straße hineinblickend, gewahrt man in Nr. 11 bis 13 einen freilich sehr wenig mehr ins Auge fallenden Backsteinbau von F. G. Stammann[4]), demselben, der auch die Häuser Ferdinandstraße Nr. 42 bis 46, letzteres mit reichem Statuenschmuck erbaut hat.

---

[1]) Siehe Förster, Allg. Bztg. 1846.
[2]) Siehe Romberg, Ztschrft. f. Bw. 1848.
[3]) Siehe Romberg's Ztschrft. f. Bw. 1847.
[4]) Siehe Förster, Allg. Bzgt. 1848.

Wenden wir uns jetzt hinaus nach dem Alsterdamm, so erfreut sich der Blick an den Gärten hinter den Häusern an der Ferdinandstraße, unter denen diejenigen Nr. 30 bis 40 fast alle von dem Unternehmer Hopfelt erbaut sind und nach hier hinaus noch ihr ursprüngliches Gewand bewahrt haben. Wo sich die Straße Brandsende öffnet, sieht man in dem Eckhause Ferdinandstraße Nr. 14 eine der ersten Ausführungen des später vielgenannten Architekten Peter von der Heyde. Das Haus Alsterdamm Nr. 5, gleichfalls an der Ecke von Brandsende, hat Architekt Luis gebaut, Nr. 3, ein stattliches Haus, aber auffallend durch die viertelkreisförmigen Fenster im Obergeschoß, rührt von Architekt Rosengarten her, daneben das Haus Nr. 2 ist von Hopfelt, und das Eckhaus Nr. 1 von dem besonders begabten C. A. P. Müller.

Folgen wir nunmehr dem Glockengießerwall, so tritt uns an der Ecke der Ferdinandstraße in Nr. 22 bis 23 ein Werk von F. W. Roesing entgegen, der im Berufsleben mit vielem Mißgeschick zu kämpfen hatte und besonders durch seine Projekte zur Börsenerweiterung und zum Alstertunnel über seinen Kollegenkreis hinaus bekannt geworden ist.[1]) Er hatte sich das Motto gedichtet:

„Es zeigt sich nicht der Mann im Unternehmen blos,
Nein, wenn er's nicht gewann, und er es tragen kann,
Das machet ihn erst groß!"

Dicht neben seinen Häusern stoßen wir in Nr. 21 wieder auf Theodor Bülau, der sich in dieser ehemaligen Schule von Dr. Schleiden[2]) ein rühmliches Denkmal gesetzt hat, dessen anmutiger Treppengiebel sicher jedem Hamburger bekannt und lieb ist. Das Haus Nr. 20, links von der Schule, hat Professor Fersenfeldt und Nr. 18, das Eckhaus an den Raboisen, hat Architekt Jolasse gebaut.

Die nun folgende Reihe von Grundstücken zwischen den Raboisen und dem Georgsplatz hat s. Z. der Großunternehmer Stiefvater erworben gehabt, so daß sowohl die kleinen Familienhäuser Raboisen Nr. 1 bis 9, wie auch die Häuser Glockengießerwall 12 bis 17 und diejenigen Georgsplatz Nr. 2 bis 6 von demselben erbaut worden sind. Die gegenüberliegende Ecke Glockengießerwall Nr. 10 bis 11 und Georgsplatz Nr. 1 bis 3 hat Klees Wülberns talentvolle Hand gezeichnet. Das bevorzugt gelegene Grundstück Georgsplatz Nr. 16, an der Ecke zwischen der Lilienstraße und der Rosenstraße, wünschte die technische Kommission s. Z. für die jetzt auf den Raboisen stehende Wache zu reservieren, die Rat- und Bürger-Deputation aber fand den Platz hierfür zu kostbar, sodaß später Niemitz Apotheke auf demselben erbaut worden ist.

---

[1]) Siehe Roesing, Merkurialien (Gedichte über die Börse) und — Perioden aus seinem Künstlerleben, Stade 1868. — [2]) Siehe Romberg, Ztschrft. f. Bw. 1847.

Wir biegen ein in die Lilienstraße, wo die Inschrifttafel des kleinen Hauses Nr. 17 noch jetzt daran erinnert, daß hier zu allererst mit dem Neubau wieder begonnen ist, und von wo man einen Blick auf den ehemaligen Kirchhof wirft, der von de Chateauneuf beiderseits mit den Stiftswohnungen zu St. Gertrud bebaut ist. Die Baukosten dieser 18 Häuser haben seinerzeit 336 000 M. betragen, an Miete verlangte die Stiftung aber im ganzen nur 10 530 M.[1]) Geht man weiter, so trifft man in dem Eckhaus am Pferdemarkt Nr. 38 auf einen Bau des damals vielbeschäftigten Architekten Zahn, dessen Formen uns auch an mehreren Häusern der Raboisen und der Rosenstraße unverkennbar entgegentreten. Über den Marktplatz schreitend, sehen wir gerade vor uns in Nr. 43 das ehemalige Schneideramtshaus, das jedem schon durch seine Inschrift Soli Deo gloria aufgefallen sein wird. Heute dürfte zwar mit demselben Rechte darüber stehen: Sic transit gloria mundi, denn von dem großartigen Festsaale, welchen de Chateauneuf im Hauptgeschoß desselben eingerichtet hatte, ist nichts weiter mehr vorhanden, als seine Wiedergabe in Försters allgemeiner Bauzeitung von 1847. Weiterhin am Pferdemarkt Nr. 49 bis 51, an der Ecke der kleinen Rosenstraße, bietet sich uns noch ein Werk des Architekten Luis in dem Hause, das jetzt die Lebensversicherungsgesellschaft Janus besitzt, und jenseits der Markthalle ragen die Giebel des Bülau'schen Hauses, Raboisen Nr. 66 bis 70, der jetzigen Armenanstalt, hervor.[2]) Gerade hier steht die sorgfältige Durchbildung, die Bülau seinen Werken angedeihen ließ, im auffälligsten Gegensatze zu den gleichförmigen Putzfronten der übrigen Reihenhäuser und illustriert gewissermaßen den bekannten Spruch:

Ist der Rohbau auch ganz nett,
Macht der Putzbau doch eher fett.

Gegenüber dem Janushause an der Ecke des Alsterthors und der kleinen Rosenstraße liegt das Thaliatheater, das von den Architekten F. G. Stammann und A. Meuron unter unglaublicher Schnelligkeit, aber ohne Unglücksfall, mit ca. 150 Arbeitern erbaut ist. Nur 17 Wochen nach der Grundsteinlegung fand am 22. August 1843 das Richtfest statt, und Mitte Oktober sollte das Haus bereits eingeweiht werden. Nur durch den Sielbau verzögerte sich letzteres bis zum 9. November. Der Bau hat einschließlich des Grundstücks 600 000 M. gekostet. Die Dekoration schuf der französische Maler Chenillon, von dessen Ausführung besonders die ursprünglichen Malereien in den Logenbrüstungen gerühmt werden. — Das Theater trat an die Stelle des ehemaligen Stein-

[1]) Siehe C. Kall, St. Gertrud in Hamburg, Hamburg 1888.
[2]) Siehe Försters Allg. Bzgt. 1848.

straßentheaters, dessen schon mehrfach genannter Direktor Chéri S. Maurice mit samt seinem Personal in das neue „Pferdemarkthäusel" einzog. Für die Eröffnung hatte Ed. Stiegmann eine Ouverture komponiert, und ein humoristisches Zwiegespräch „Alt und Neu", worin Herr Meixner die erstere, Fräulein Herrmann die letztere Rolle spielte, vertrat die Stelle des Eröffnungsprologes und schloß mit dem Wunsche „dem Neuen alte Gunst, den Alten neue Nachsicht." Darauf folgte das Lustspiel „Der Freundschaftsdienst" von Herrmann und eine Vaude-

Thaliatheater

vor dem späteren Umbau der Eingangstreppe und der Herstellung des Unterfahrtdaches.

ville-Posse von Friedrich. Schnell hat sich das Theater die dauernde Zuneigung des Publikums gewonnen, und während des verflossenen halben Jahrhunderts vollauf zu bewahren gewußt. Im Äußern ist es bis auf den Bühnenanbau in der Rosenstraße, den Stammann & Zinnow 1874 mit einem Aufwand von 120 000 M. ausgeführt haben, noch fast unverändert. Im Innern mußten den neueren Anforderungen entsprechend die Treppen und ein Teil der Sitzplätze umgebaut werden, was dieselben Architekten im Jahre 1877 mit weiteren 115 000 M. bewerkstelligt haben.

Im Verfolg der kleinen Rosenstraße bemerken wir zunächst in Nr. 14, an der Ecke der Paulstraße, das Haus der Mobilienniederlage der vereinigten Tischleramtsmeister, das von de Chateauneuf erbaut ist und im September 1843 eingeweiht wurde. Bis solange war mit dem Magazin provisorisch der Apollosaal auf der Drehbahn belegt gewesen, und die Hamburger waren daher froh, endlich die beliebten dortigen Vorstellungen wieder beginnen zu sehen. Derselbe Architekt hat ebenfalls auch die Beamtenhäuser der St. Petrikirche in der Paulstraße Nr. 3 bis 7 und Bergstraße Nr. 5 erbaut. Die Häuser Nr. 2 bis 10 an der rechten Seite der Bergstraße sind beim Brande fast gar nicht zerstört und durch Zimmermeister Pöppel zu ihrer jetzigen Form gebracht, während das Eckhaus an der Schmiedestraße, in der Rathausstraße Nr. 1 bis 3, von Architekt Schlösser erdacht ist. Die gegenüberliegenden Häuser Nr. 6 bis 8 mit den dem Kopenhagener Museum nachgebildeten bizarren Fenstereinfassungen rühren von Architekt Roesing her, und das Haus Nr. 31, Ecke der kleinen Johannisstraße, das seinerzeit wegen seiner Maßverhältnisse die allgemeinste Aufmerksamkeit erregte, ist von Ungewitter & Martens erbaut. Gegenüber liegt das Haus Nr. 22, an der Ecke des Rathausmarktes, welches Meuron, und daneben Schmidts Apotheke, Rathausmarkt Nr. 6, welche Ernst Möller erbaut hat.

Halten wir uns am Rathausmarkt links, so folgt an der runden Ecke, große Johannisstraße Nr. 1, das Haus von Roeper & Staacke, welches Architekt Schaumann[1]) gebaut hat, der zu jener Zeit besonders als Schriftsteller einen Namen hatte und sich nebst dem Architekten G. H. Kollmann auf das lebhafteste sowohl in die Siel- wie in die Baugesetzfrage gestürzt hat. Bezüglich der letzteren fand Schaumann sich durch den Entwurf besonders auch deshalb nicht befriedigt, weil derselbe die Architekten gegenüber den geprüften Amtsmeistern völlig ignoriere. Sind wir am Rathaus vorüber, so bemerken wir rechts, große Johannisstraße Nr. 2 bis 4, an der Ecke der Börsenarkaden, in vortrefflicher Massenverteilung wiederum ein Haus von Ungewitter & Martens, und links, Nr. 19, steht das gleichfalls noch unverändert erhaltene Haus von Schumacher & Dahnert, welches die beste Schöpfung Rosengartens ist, und bezüglich dessen man sagte, die Fremden hielten den Laden für gar zu brillant, man scheue sich hineinzugehen, und niemand werde den Mut haben, dort zu dingen. Daneben steht in der großen Bäckerstraße Nr. 22 bis 24 das Haus der ehemaligen Semperschen Apotheke[2]), nach Professor Sempers Entwürfen vom Architekten Burmester erbaut und geschmückt von Maler Rolle aus Dresden

[1]) Derselbe hat außerdem auch das Haus des Apothekers Ulex, Stubbenhuck Nr. 5 erbaut, und ist später unter Wasserbau-Direktor Dahlmann dessen Büreauchef gewesen.

[2]) Siehe Försters Allg. Bzgt. 1848.

mit reizvollen Sgraffitobildern, die neuerdings freilich leider mehr und mehr der Zerstörung anheimfallen.

Die Ecke zwischen der großen Johannisstraße und dem Adolfsplatz bildet die Bank von Architekt Reichardt.[1]) Dieselbe ist in allen Gliederungen ganz aus Sandstein erbaut und bildet mit ihrem reichgeschmückten Portal und Tympanon von Bildhauer Schiller wohl das monumentalste Gebäude jener

Bankgebäude.

ganzen Bauperiode. Ihr gegenüber liegt in der großen Johannisstraße Nr. 23 bis 25 das jetzt der Tivolibrauerei gehörige Haus von den begabten englischen Architekten Heydmann & Hall. Weiter folgt rechts am großen Burstah Nr. 8 die Rauchwarenhandlung von Heß, welche wieder von Ungewitter erbaut ist, dessen Sozius sich, als am 15. August 1843 an den großen Rundbogenfenstern des Erdgeschosses ein Unglück einzutreten drohte, mit samt seinem typischen Mackintosh und Schlapphut unter den Trümmern begraben lassen wollte. Es

[1]) Siehe Hamburg und seine Bauten, Hamburg 1890, Seite 630.

gelang aber nicht nur, ihn noch rechtzeitig herauszuholen, sondern auch die Bogenstellung konnte glücklich noch wieder versteift werden.[1]) Das fast unmittelbar folgende große Haus Nr. 12 bis 16, worin jetzt der Messerschmied Weber wohnt, ist gleichfalls von Ungewitter & Martens erbaut, seine Architektur hat die zeitgenössischen Tagesblätter zu der sonderbaren Äußerung gereizt: „sie schmecke förmlich nach dem modernen Rokoko." Das weiterhin folgende Haus Nr. 34 endlich, worin sich der Laden von Gebr. Neeff befindet, ist ein Werk Ernst Möllers.

Gehen wir jetzt durch den kleinen Burstah nach dem Hopfenmarkt, so tritt uns in dem Hailbronnerschen Hause Nr. 15 bis 17 wieder der englische Architekt Atkinson entgegen. Wir biegen dann in die Deichstraße, weihen den Häusern Nr. 38 und 40, von denen das Feuer seinen Ausgang nahm, eine stille Betrachtung, freuen uns des schönen Hauses Nr. 19, das Architekt Luis seinerzeit für den Oberalten Schäffer erbaute, und werfen ferner einen Blick auf die Holzbrücke und deren Landungseinrichtungen, welche als Werke jener Zeit sicherlich großartig genannt werden müssen. Indem wir uns nunmehr nach der Neuenburg zuwenden, fällt uns an der Ecke des Hahntrapp, Hopfenmarkt Nr. 15 bis 17, nochmals ein stattliches Haus von Ungewitter & Martens auf, und rechts sehen wir in Nr. 2, dem ehemaligen Bottomleyschen Hause, sowie in den folgenden Häusern, Neueburg Nr. 13, 14 und 18, noch einige weitere Schöpfungen des Architekten Schlösser. Jenseits der Reimersbrücke endlich folgt das großartig angelegte Haus von Schulte & Schemmann[2]), Neueburg Nr. 11 und 12, in welchem jeder ohne weiteres die Meisterhand de Chateauneufs wieder erkennen wird.

Das Patriotische Haus.

Wir überschreiten nunmehr die Trostbrücke und vor uns liegt das sogenannte Patriotische Haus, d. h. das Haus der Gesellschaft zur Beförderung der Künste und nützlichen Gewerbe, jener dem Nutzen des Gemeinwohles im weitesten Umfange gewidmeten „freiwillen Vereinigung freier Bürger", welche am 10. Oktober 1765 begründet wurde. Die Gesellschaft, welche schon bald nach ihrer Begründung durch den Volksmund mit dem kürzeren Namen patriotische Gesellschaft bezeichnet wurde, besaß ehedem das Haus an der Ecke des Plans, große Johannisstraße Nr. 16, das sich mit der Rückseite bis an das Gerberstraßenfleth erstreckte. Hierin befanden sich unten außer der Herold'schen

[1]) Weniger gut war kurz vorher am 9. August ein teilweiser Einsturz des ehem. Hauses am Jungfernstieg Nr. 26 an der Ecke der großen Bleichen verlaufen, bei dem 7 Menschen zum Teil schwer verletzt sind.

[2]) Siehe Förster, Allg. Bztg. 1847.

Buchhandlung die Vereinsräume, und im ersten Geschoß lagen die Zimmer für die von der Gesellschaft begründete Gewerbeschule[1]), während das ganze zweite Geschoß von der ca. 55 000 Bände umfassenden Bibliothek der Gesellschaft, sowie von der gleichfalls bereits wertvollen Modellsammlung für die Schule eingenommen wurde. Furchtbar schnell hat sich das Feuer gerade diesem Stadtteile genähert. Die Leute, welche der Ökonom Hildebrandt zur Rettung bestellt hatte, blieben aus, und nur mit großer Mühe gelang es unter Hülfeleistung Martin Genslers u. A. das Archiv der Gesellschaft zu retten. Die kostbarsten Kupferwerke waren bereits bis zum Johannisplatz gebracht, als sie infolge der übermäßigen Hitze plötzlich in Flammen aufgingen.[2]) Nur weil eine größere Zahl der Bücher gerade ausgeliehen war, sind im ganzen ca. 2000 Bände gerettet worden.

Auch die Porträts, welche die Gesellschaft zum Andenken an ihre hervorragendsten Mitglieder gestiftet hatte, sind sämtlich dem Feuer zum Opfer gefallen. Wir wollen die gegenwärtige Gelegenheit nicht vorübergehen lassen, ohne die Namen dieser verdienten Männer der Mitwelt von neuem in Erinnerung zu rufen:

Büsch, Professor Johann Georg, geb. d. 3. Jan. 1728, gest. d. 5. Aug. 1800.
Günther, Senator Joh. Arnold, geb. den 9. April 1755, gest. d. 20. Aug. 1805.
Hübbe, Pastor Johann Heinrich, geb. d. 12. Dez. 1764, gest. d. 26. Febr. 1830.
Kirchhoff, Senator Nic. Anton. Joh., geb. d. 23. Sept. 1725, gest. d. 10. Sept. 1800.
Matsen, Syndicus Nicolaus, geb. d. 14. Sept. 1739, gest. d. 9 Okt. 1794.
Reimarus, Professor Hermann Samuel, geb. d. 22. Dez. 1794, gest. d. 1. März 1768.
Reimarus, Dr. Joh. Albert Heinrich, geb. d. 11. Nov. 1729, gest. d. 6. Juni 1814.
Schuback, Johannes, geb. d. 16. Sept. 1732, gest. d. 31. März 1817.
Sieveking, Georg Heinrich, geb. d. 28. Jan. 1751, gest. d. 25. Jan. 1799.
Sonnin, Ernst Georg, geb. 1709, gest. d. 8. Juli 1794.[3])

[1]) Der Vorsteher der Schule war Professor Fersenfeldt, dem Günther Gensler, H. J. Herterich und Georg Repsold beigeordnet waren. Mehr als ein Dritteil des Jahresbudgets der Gesellschaft wurde für die Schule aufgewendet, welche damals von 250 Schülern besucht ward, die zur größeren Hälfte Freischüler waren. Als Lehrer wirkten in den Zeichenfächern Ehlert Heinrich Düyffcke, Johann Faber, Martin Gensler und F. C. Heylmann, und in Mathematik H. B. Lübsen aus Altona.

[2]) Siehe Neue Hamb. Blätter 1842, Seite 295, und daselbst auch im Jahrgang von 1844 den Bibliotheksbericht.

[3]) Nur das Bild Sonnins ist von dem Maler Karl Rodeck i. J. 1891 wieder hergestellt worden, nachdem die Mitglieder des Architekten- und Ingenieur-Vereins, und des Vereins für Kunst und Wissenschaft bei Gelegenheit der 100jährigen Feier der St. Michaelis-Turmweihe, den 31. Oktober 1886 eine allgemeine Subskription eröffnet hatten.

Voght, Freiherr Caspar von, geb. d. 7. Nov. 1752, gest. d. 20. März 1839.
Woltman, Reinhardt, Wasserbaudirektor, geb. im Dezember 1757, gest. d. 20. April 1837.

Als die Verhältnisse sich wieder ordneten, stellte die niederländische Loge der Gesellschaft ihren Saal auf den Hohen Bleichen Nr. 40, der seit 1844 der französisch reformirten Gemeinde als Kirche dient, zur zeitweiligen Verfügung. Ihren Zwecken ließ sich derselbe aber selbstverständlich nur ungenügend dienstbar machen, und da das alte Grundstück der Expropriation anheimgefallen war, so trachteten die Vorstände danach, ein geeignetes neues Grundstück ausfindig zu machen. Ein solches schien sich in dem Platze des ehemaligen Rathauses zu bieten. Unter Hinweis auf ihre gemeinnützigen Zwecke, auf die seinerzeit von ihr begründete Armenanstalt, auf die gleichfalls durch sie ins Leben gerufene Sparkasse, auf ihre technische Schule, ihre Anstalten zur Rettung Ertrunkener, ihre Bestrebungen zur Aufmunterung des Erfindungsgeistes, ihre Preisaufgaben, ihre Belohnungen der Diensttreue u. a. hat sich dann die Gesellschaft mit der Bitte an den Senat gewandt, ihr für ihren Neubau diesen geweihten Boden des ehemaligen Rathauses zu überlassen, bezüglich dessen es doch ohnehin pietätlos erscheinen müsse, wenn er der gemeinen Spekulation überlassen bleibe. Diese Bitte ist durch den Bürgerschaftsbeschluß vom 13. Dezember 1843 gewährt, worauf nicht nur der Platz den Gesellschaften für 37 500 M. überlassen ist, sondern der Staat sich auch noch zur Ausführung der schwierigen Grundbauten an den Wasserfronten bereit erklärte und eine zinsfreie Hypothek im Betrage von 52 500 M. bewilligte.[1]) Für ihren Neubau besaß die Gesellschaft ferner an Feuerkassen- und Enteignungsgeldern 105 000 M. und es wurde beabsichtigt, den weiter erforderlichen Betrag durch Anteilzeichnungen der Mitglieder aufzubringen.

Zur Erlangung eines Bauplans ist im Februar 1844 der Weg einer allgemeinen Preisbewerbung unter Hamburger Architekten beschritten.[2]) Das Programm war gut und bestimmt ausgearbeitet, die Bausumme auf 336 000 M. festgesetzt und die Beigabe von Perspektiven unter allen Umständen ausgeschlossen. Da man nicht gern zwecks Besetzung des Preisgerichts die begabtesten Architekten

[1]) Der Platz hat eine Größe von 980 qm, die Gesellschaft vergütete mithin 38,27 M. pro qm. Geschätzt wurde das Grundstück zu 150 000 M. oder 155 M. pro qm. Hierfür war es aber der teuren Grundarbeiten wegen nicht zu verkaufen, vielmehr brachte man die Kosten dieser letzteren mit 60 000 M. in Abzug, und bezeichnete deshalb den eigentlichen Verkaufswert als normiert auf 90 000 M. oder 91,84 M. pro qm.

[2]) Siehe Neue Hamb. Blätter 1844 den 5. Februar und daselbst auch später Bericht betreffend die Prämiierung.

ausschließen und sich andererseits auch nicht nach auswärts wenden wollte, so wurde beschlossen, daß die Teilnehmer selbst, vorausgesetzt, daß es mindestens 12 sein würden, das Kollegium der Jury bilden sollten. Jeder mußte sich daher mit seinem Ehrenwort verbürgen, für sein eigenes Projekt nicht zu stimmen. Hierauf sind 19 Projekte eingeliefert und zum Preisgericht haben sich eingefunden die Architekten Bülau, Burmester, de Chateauneuf, Heydmann & Hall, Heylmann, Kollmann, Reichardt, Rittmeister, Friedrich Stammann, Ungewitter & Martens, Wentzel, Willweber und Windmüller. Dieselben haben den ersten Preis von 950 M. dem Architekten Theodor Bülau, den zweiten von 570 M. Friedrich Christian Heylmann und den dritten von 380 M. Theodor Willweber zuerkannt. Über die prämiierten Projekte erbat die Gesellschaft darauf ein Gutachten von den Sachverständigen Fersenfeldt, Forsmann, Gensler, Maak und Wimmel. Dieselben äußerten sich bezüglich der Stilfrage dahin, „daß man es als einen bedeutenden Fortschritt ansehen müsse, daß die Zahl derer, welche das Bauen mit Putz als eine krankhafte Verirrung ansehen, im Zunehmen begriffen sei und daß es nicht zu bezweifeln sei, daß die Nachkommen es anerkennen würden, wenn die Gesellschaft dieser falschen Richtung nicht huldige." In Rücksicht auf die Plandisposition erklärte Bülau sich hierauf bereit, den von ihm vorher angenommenen Mittelhof zu gunsten der Haupttreppe fortfallen zu lassen, worauf ihm die Gesellschaft einstimmig gegen ein Honorar von 4 % der Bausumme die Ausführung des Hauses übertragen hat.[1])

Der Bau ist mit vielen Schwierigkeiten verknüpft gewesen. Schon als der Staat die wasserseitigen Fundamente ausführte, war am 1. Juli 1843 der Klopfdamm durchbrochen und durch hohe Überflutung großes Unheil angerichtet. Bülau fundamentierte auf einer Konkretschüttung, welche später an einer Stelle barst, wodurch auch für ihn viel Sorge und Verdruß herbeigeführt sind, die sich später allerdings noch vermehrten, als zu allem übrigen der Mangel an Baugeld hinzutrat. Er nahm seinen Beruf außerordentlich ernst, hielt seine Kunst für eine unmittelbare Gottesgnade und schwor auf den Spruch „des Zirkels Kunst und Gerechtigkeit ohn' Gott niemand ausleiht". Kleine Versehen im Bau erregten sein größtes Mißfallen, und den Steinmetzen, der links neben dem Portal das Sockelglied an einer Quader um 5 zm zu lang behauen hatte, wollte er durch das Bestehenlassen dieses Fehlers zeitlebens strafen. Infolgedessen findet der Eintretende hier noch heute die Seltenheit einer aus Granit bearbeiteten Zigarrenablagestelle. Als ächter Mann des Mittelalters wünschte er überall die innigste

[1]) Siehe die Originalzeichnungen im Besitz des Gewerbemuseums, und Bülau's persönliche Ansicht bezüglich dieser Planänderung in seinem Werk, Das Haus der patr. Ges., Hamb. 1849.

Beziehung zwischen Handwerk und Kunst und beklagte sich in seinem Buch über diesen Bau lebhaft, daß man heutzutage die Fensterwinkel mit schlechten Schrauben

Das Patriotische Haus mit dem von Architekt Bülau projektierten Turm.

befestige, welche in Fabriken von Maschinen gemacht würden, statt wie früher „mit guten Nägeln von vernünftigen Menschen kunstvoll geschmiedet". Am schwersten wurde es ihm, sich dem hierorts „eingerissenen Schlendrian der Baugewohnheiten" zu fügen, wonach man, um das Haus fertig zu machen, „nach der modernen landesverräterischen Manier" die Arbeiten miteinander an den Mindestfordernden in einer Summe in Akkord zu übertragen pflege. Mit großer Entsagung mußte er aber doch „den Dünkel, der den Verstand verdunkelt," weit von sich werfen und „mit vielem Schreiberwitz" und „mit juristischen Lappen aufgeputzt" einen Gesamtbaukontrakt verfassen. Auf Grund solches, wie er sagt, Papierwisches übernahm dann der Ratszimmermeister Hopfelt die Ausführung dieses Werkes deutscher Kunst. Daß die Gesellschaft sich nach dem Vorgang des St. Petri-Kirchbaues für die Verwendung der großen Mauersteine entschied, ist ihm eine lebhafte Freude gewesen. Der Preis derselben stellte sich zwar auf i. D. 55 M. per Tausend, und es sind für den Aufbau 1217 Tausend Stück erforderlich gewesen.

Am 28. Dezember 1846 war das Haus richtfertig und in großer Zahl haben sich die Mitglieder zur Teilnahme an der Feier eingefunden und von den Zinnen des Saalbaues herab den Zimmerpolier seinen langen poetischen Spruch vortragen hören. Wir teilen aus demselben den folgenden Kernvers[1]) mit:

Hier wo seit sechshundert Jahren
Hamburg's Recht und Rathaus stand,
Wo der Kaufmann seine Waaren,
Silberschätze sicher fand;
  Diese Stätte hat
  Bürgerschaft und Rat
Hergeliehn zur eig'nen Wohnung
Dem Gemeinsinn als Belohnung!

Die Vollendung des Hauses hat ferner noch viele Mühe gekostet, besonders weil Überschreitungen der Bausumme unvermeidlich wurden und sich keine weiteren Deckungen aufbringen ließen. So mußte zu Bülau's Kummer außer dem hohen Ziegeldach auch der Turm fortbleiben, durch dessen Weglassung schließlich noch 5300 M. erspart wurden. Endlich konnte das Haus am 1. Dezember 1847 eingeweiht werden und bildet seitdem den Sammelpunkt für die Mitglieder der Gesellschaft und all der einzelnen wissenschaftlichen und technischen Vereine, welche sich aus ihr abgesondert, oder die sich ihr allmählich angeschlossen haben. Im Obergeschoß wurde auch der Gewerbeschule sogleich wieder eine neue Heimstätte eröffnet, in der sie, bis 1876 die städtische Gewerbeschule vor dem Steinthor vollendet war, geblieben und unter Direktor Jessen bis zu einer Zahl von weit über tausend Schülern emporgediehen ist.

Während der fünfziger Jahre geriet aber auch die patriotische Gesellschaft

[1]) Siehe Neue Hamb. Blätter 1846.

in schwere Bedrängnisse und wennschon sie außer der ihr zu teil gewordenen Staatshülfe im Keller und Erdgeschoß des Hauses für über 10 000 M. vermietbare Lokalitäten besaß, so hätte das Haus vermutlich dennoch das Schicksal der Lesehalle und der Tonhalle teilen müssen, wenn nicht die Mitglieder dank dem lebhaften Eintreten von Dr. D. H. Jacobj auf eine Verzinsung ihrer Schuldscheine verzichtet hätten, und wenn nicht ferner der glückliche Umstand eingetreten wäre, daß die Bürgerschaft 1859 den Hauptsaal, in welchem s. Z. auch bereits die Konstituante getagt hatte, in feste Miete nahm und im 1. Geschoß auch ihre Kanzlei und Geschäftsräume einrichtete. — Nachdem dann ferner noch 1868 der mit erheblichen Mitteln ins Leben getretene Verein für Kunst und Wissenschaft gegründet war, sicherten sich die Verhältnisse der Gesellschaft wieder durchaus und die Vermietung der Kaufläden konnte aufgegeben und das ganze Erdgeschoß umgebaut werden. Seine Räume bilden jetzt den allgemeinen Zentralisationsort für die gesellige Zusammenhaltung aller wissenschaftlichen und technischen Kreise, die in der Gesellschaft und den ihr anhängenden Vereinen vertreten sind. Eine noch bessere Einrichtung der Vereinsräume wurde ferner möglich, nachdem der Staat das Gewerbeschulwesen übernommen und dessen Räume nach dem dafür errichteten Neubau vor dem Steinthor verlegt hatte. Immer mehr Raum ist aber für die Unterbringung der wachsenden Bibliotheken und für die Abhaltung der zahlreichen Vereinsversammlungen erforderlich, so daß gegenwärtig bereits lebhaft der Augenblick herbeigesehnt wird, wo nach Vollendung des Rathauses der patriotischen Gesellschaft auch wieder die Verfügung über die Räume ihres Hauptgeschosses freistehen wird.

So darf nach glücklicher Überwindung vieler Schwierigkeiten die Gesellschaft mit allen ihr nahe verbundenen Vereinen sich stolz im Besitze ihrer Heimstätte fühlen. Mögen immerhin die Kritiker das Werk bemängeln, mag man die Fenster für zu schmal, die Holzdecken für zu düster, die Gewölbe für drückend erklären, gleichviel, aus allem diesen spricht doch nur das höchste Bestreben des bei all' seiner Eigenart hochbegabten Künstlers, und der unbefangene Fremde wird sich ebensowenig, wie s. Z. unsere jüngere Generation als Schüler beim Eintritt in das Patriotische Haus einer gewissen Ehrfurcht erwehren können. Um den Besitz eines Hauses aber, das so sehr alle höchsten geistigen Bestrebungen des vaterstädtischen Zusammenlebens in sich vereinigt, dürfen uns mit Recht viele Städte beneiden, denn voll und ganz bewahrheiten sich hierin die Worte des auch in der Portalinschrift wiederholten Denkspruches der Gesellschaft:

Emolumento Publico.
Geweiht dem Gemeinwohl!

9. Die Kirchenbauten.

Unendlich erhaben über dem verwirrenden Interessenstreit, der die künstlerische Entfaltung des Privatbaues niederdrückte, muß uns heute der Geist erscheinen, aus dem heraus Hamburg es möglich gemacht hat, seine zerstörten Gotteshäuser wieder aufzurichten. Hier hat niemand ängstlich gefragt, was wird das kosten, und geht es auch über unsere Kräfte? Nein, die Wiederherstellung unserer Kirchen erfolgte so sehr aus dem Vollen heraus, daß wir heute staunen müssen, wie die dafür thätigen Männer zu jener Zeit solche Mittel gefunden haben. Aber die Begeisterung zur Mithülfe war in allen Schichten der Bevölkerung auf das Lebhafteste angefacht und weit über jene Jahre des unmittelbaren Eindrucks der Katastrophe hinaus hat sich — unermüdlich gepflegt von den Besten der Unsrigen — diese jubelnde Begeisterung rege erhalten. Und endlich ist dann in Wahrheit die Hoffnung zur That geworden und die verwaisten Gemeinden haben ihre Kirchen, und Hamburg hat sein Wahrzeichen, seine fünf hohen Türme, wiedererlangt.

Die St. Petrikirche.

Am frühesten war es die St. Petrikirche, bei welcher man anfing, die Hand ans Werk zu legen. Zum Teil wurde das Vorgehen durch den Zustand der Ruinen gefordert, indem die an der Südwestseite des Turmes gelegenen Mauerteile des vierten Seitenschiffes einzustürzen drohten, sodaß beschlossen ward, diese 28 m lange, 18 m hohe und 1,4 m starke Mauer durch Sprengung niederzulegen. Die Arbeit ist von den preußischen Pionieren sehr sorgfältig vorbereitet und die Bohrlöcher für Einlage der Patronen waren wohlüberlegt verteilt. Sie ging auch am 20. Mai 1842 ohne Schaden für den Turm und das übrige Gebäude von statten, nur wurde leider der Pionier Robel dabei so schwer verletzt, daß er bald darauf seinen Wunden erlag und am 4. Juli unter großen militärischen Ehren allhier beerdigt ist.[1]) Am 18. Juni besichtigte die technische

---

[1]) Auf Beschluß des Senats wurde der in Berlin lebenden Mutter Robels eine lebenslängliche Rente von 240 M. ausgesetzt. — Siehe auch: Die feierliche Bestattung des Gardepioniers Robel, nebst den dabei gehaltenen Reden. Hamburg 1842.

Kommission die Brandruine der Kirche und dann wurde mit den Aufräumungsarbeiten vorgegangen.

Bei dieser Gelegenheit hatte Architekt de Chateauneuf Vorschläge für die Wiederherstellung der Kirche gemacht, und das Kollegium entschied sich dafür, ihm, in Gemeinschaft mit Professor Fersenfeldt das Projekt für den Neubau zu übertragen. Es wurde beabsichtigt, den Turmkörper ganz zu erhalten, die Mauern der Kirche aber, welche durch den Brand sehr gelitten hatten, abzutragen. Die neue Kirche sollte sich, genau der Form der alten entsprechend, auf den durchaus brauchbaren Fundamenten wiedererheben. Der Bau war daher zum Teil ein Werk der Restauration, muß aber der gewählten Behandlung nach doch als vollständiger Neubau betrachtet werden. Diese unstreitig schwierige Aufgabe ist meisterhaft gelöst. Die alten Kapellenanbauten sind weggelassen, der Chor hat eine geschicktere Ausbildung erfahren und das zur Erweiterung der Kirche ehedem hinzugefügt gewesene vierte Seitenschiff ist in seiner Neugestaltung und Ausbildung mit vier Giebeln und den beiden südlichen Portalen zu einem Hauptmoment für den ganzen Aufbau geworden. Auch die Turmseite hat gegen die frühere zu breite und kahle Ansicht bedeutend gewonnen. Die gefahrdrohenden Turmgiebel unterhalb des Helmansatzes wurden sogleich mit den Kirchmauern abgetragen, der Turm mit Balkenlagen versehen und mit einem Notdach gedeckt. Von den ehemals vorhandenen 33 Glocken waren sieben erhalten geblieben, und sind, als das Dach gedichtet war, sogleich wieder aufgehängt. Zur großen Freude der Gemeinde rief der Klang ihrer eigenen Glocken sie schon am Weihnachtsabend 1842 wieder zum Gottesdienst zusammen, der während dieser Zeit des Baues in der Aula des Johanneums stattgefunden hat.

Zur gleichen Zeit hatte ein Komitee von Damen[1]) im Saale des Stadthauses zum besten der zwei abgebrannten Hauptkirchen einen großen Bazar von Handarbeiten eröffnet, der im ganzen eine Summe von 46 700 M. eingetragen hat. Ferner gab die St. Pauli-Gemeinde die Summe von 9000 M., welche sie für ihren eigenen Turmbau gesammelt hatte, sodaß letzterer erst sehr viel später und zwar 1864 zur Ausführung gebracht werden konnte. Beide Summen wurden zwischen der St. Nikolai- und St. Petrikirche geteilt. Fernere Gelder flossen der Kirche durch die staatsseitige Übernahme der ehemals mit den Kapellen bebaut gewesenen Flächen, sowie als Entschädigung für die beträchtliche Tieferlegung der Straße und aus vielen freiwilligen Sammlungen und Schenkungen zu.

Die weitere Feststellung der Pläne im einzelnen, für welche die Mit-

[1]) Frau Dr. Bertha Abendroth, geb. von Hildebrandt, Wilhelmine Arning, geb. Oppenheimer, A. M. de Chaufepié, geb. Wortmann, A. C. Freudentheil, geb. Lüttmann, Auguste von Hostrup, geb. Seiler und Albertine Rücker.

wirkung des Malers Martin Gensler gewonnen war, sowie die Vorverhandlungen mit den Behörden erforderten naturgemäß längere Zeit, sodaß das Kirchenkollegium erst am 12. März 1843 eine Schlußverhandlung wegen des Neubaues ansetzen konnte, worauf am 16. Juni auch der Senat die Vorlagen genehmigte. Dann verstrich der Sommer mit der weiter erforderlichen Aufräumung der Baustelle, und erst am 11. September wurde endlich mit dem Mauern an der Kirche begonnen. Am 7. Mai 1844 fand die feierliche Grundsteinlegung statt. Die Arbeiten waren dem Maurermeister J. Fr. Geyer und dem Zimmermeister H. W. Müller übertragen. Die mächtigen Backsteine lieferte für die Außenwände die Ziegelei von Sittig bei Rathenow, für die inneren Pfeiler und Verblendungen Biehls Ziegelei bei Bergedorf. Die an den Außenseiten zur Verwendung gekommenen Werksteine entstammen den Brüchen der Porta Westphalica. Für die Kapitäle &c. im Innern ist feiner Oolith von Caen in der Normandie mit bestem Erfolg verarbeitet. Für das Dach hätte man gern wieder Kupferdeckung verwendet, doch stellte sich der Preis einer solchen auf das fünffache der Schieferdeckung, sodaß die Entscheidung für letztere ausgefallen ist. Die Rinnen sind mit Blei ausgelegt, und alle eisernen Anker sollen zum Schutz mit Blei umwickelt sein.

St. Petrikirche.

Am 7. Mai 1847 hat das Richtfest stattgefunden und nochmals zwei Jahre später, am 7. Mai 1849 konnte die Kirche wieder eingeweiht werden. Für die Ausschmückung des Innern ist wieder verwendet, was aus der alten Kirche gerettet war. Für das Übrige sind besonders die Bildhauer Divié und von Hanno thätig gewesen. Durch den letzteren ist auch den Baumeistern der Kirche, welche beide kurz nacheinander 1853 gestorben sind, im Jahre 1856 die in der Taufkapelle eingefügte Votivtafel gewidmet worden. Die Gesamtbaukosten haben sich auf 1 106 000 M. belaufen und sind der Hauptsache nach auf folgende Art zusammengebracht worden:[1])

[1]) Siehe Chr. Aug. Suhr, Die St. Petrikirche und ihr Turm. Als Manuskript gedruckt, Hamburg 1878, und Förster, Allg. Bztg. 1847, Seite 210.

1.	Entschädigung der Rat- und Bürgerdeputation für den erforderlich gewordenen Bau der Sockelterrasse ꝛc.	M.	86 400 —
2.	Anteil an den von auswärts eingegangenen Kirchenbaubeiträgen	„	65 100 —
3.	Anteil an der Liquidationssumme bei Auflösung der Unterstützungsbehörde	„	78 200 —
4.	Ertrag aus dem verkauften Glockenmetall	„	57 300 —
5.	Verbaute Feuerkassengelder der abgebrannten Kirchenhäuser	„	166 600 —
6.	Des weiteren aus dem Vermögen der Kirche entnommene Baugelder	„	263 000 —
7.	Beiträge des Staates[1]) und		
8.	Freiwillige Gaben, Legate und sonstige Schenkungen	„	389 400 —
		M.	1 106 000 —

Hiermit sind die vorhandenen Mittel einstweilen erschöpft gewesen und daher konnte sich der Turmbau nicht unmittelbar an das übrige Werk anschließen. Es verfloß umsomehr längere Zeit mit Überlegungen, als Zweifel über die zu wählende Bauart eingetreten waren. Ein großes Modell, das Zimmermeister Pöppel schon 1846 für die Ausführung des Turmhelmes herstellte, hatte seinerzeit zwar vielfach Beifall gefunden, aber nachdem die Kirche vollendet war, trug man doch Bedenken, mit dem Bau solches hölzernen Turmes der Kirche von neuem die Feuergefährlichkeit zu schaffen, durch die das alte Gotteshaus ein Opfer der Flammen geworden war, ja es wurde schon damals sogar in weiten Kreisen bedauert, daß nicht auch das Dach der Kirche in Eisen hergestellt sei. Das Kollegium berief deshalb im Jahre 1856 den Dombaumeister Zwirner aus Köln nach hier, damit er in Gemeinschaft mit den Bauinspektoren Forsmann und Maak ein Gutachten darüber abgebe, ob das alte Gemäuer eine steinerne oder eiserne Spitze werde tragen können. Da diese Frage bejaht wurde, so hat Maak bis 1864 die Pläne zu einem eisernen Turmhelm ausgearbeitet, worauf Hofbaurat Strack aus Berlin und Baurat Professor Haase aus Hannover nochmals um ein Gutachten gebeten wurden und vorgängig einen teilweisen Abbruch des Mauerwerks befürworteten.

Der mangelnden Geldmittel wegen verzögerte sich die Angelegenheit aber nochmals und erst nachdem 1866 auch noch der Dombaumeister Voigtel in Gemeinschaft mit dem Architekten Isaiah Wood[2]) sich über den Bauzustand des

[1]) Die Beiträge des Staates dürften sich auf ca. 40 000 M. belaufen, finden sich aber nicht speziell ausgezogen.

[2]) Wood leitete von 1850 bis 1876 den Bau der St. Nikolaikirche.

Turmkörpers geäußert hatten, wurde mit dem teilweisen Abbruch desselben vorgegangen. Die hierbei erwachsenen Kosten haben sich auf 17 000 M. belaufen. Darauf übertrug die Baukommission dem Architekten C. H. M. Bauer den Wiederaufbau, und bald war der Turm von neuem bis zum Ansatz der Giebel emporgewachsen. Nochmals aber wurde der Fortgang des Baues unterbrochen, indem ein plötzliches Abscheiden den verdienten Bauinspektor Maak 1867 mitten aus seiner weitverzweigten Thätigkeit herausriß. An seiner Stelle übernahmen der Architekt Karl Remé und der Ingenieur Heylmann die Oberleitung des Turmbaues; sie mußten sich aber damit bescheiden, den Helm provisorisch abzudecken, da die Baukommission den Beschluß faßte, den Rückgang der inzwischen eingetretenen außerordentlich hohen Eisenpreise abzuwarten. Eine weitere neue Verzögerung wurde dann durch die Kriegsjahre herbeigeführt, und als man nach wiederhergestelltem Frieden endlich dem Baugedanken nähertrat, da waren es wieder die Techniker, die auf die im Laufe der verflossenen Jahre gesteigerte Konstruktionsfähigkeit hinwiesen, wodurch ein Abweichen von dem Maak'schen Projekt ratsam erscheinen mußte.

Die Baukommission wandte sich infolgedessen an den berühmten Konstrukteur Oberbaurat Schwedler in Berlin, welchem abseiten des Ministeriums auch bereitwillig die Erlaubnis zur Teilnahme an unserem Turmbau gegeben wurde. Sein neues Projekt zeichnete sich durch eine wesentlich rationellere Ausnutzung des Konstruktionsmaterials aus. Dasselbe wurde diesseitig angenommen und die Baukommission erteilte dem Eisenwerk Harkort in Duisburg den Auftrag zur Ausführung, für deren spezielle Leitung im Einvernehmen mit dem Oberbaurat Schwedler der Ingenieur C. Reimann gewonnen war. Nun ging die Arbeit schnell vorwärts, sodaß am 7. Mai 1878 endlich, 34 Jahre nach der Feier der Grundsteinlegung, das Fest der Turmweihe stattfinden konnte. — Mit freudigem Stolz blickte die Gemeinde auf ihr wiederhergestelltes Gotteshaus, für dessen weitere innere und äußere Ausschmückung sie nicht ermüdete, im Laufe des letztverflossenen Jahrzehnts noch viele bedeutsame Teile hinzuzufügen, die der Kunst und dem Kunsthandwerk unserer Zeit zu hoher Ehre gereichen. Was die Kosten des Turmbaues betrifft, so wurden dieselben, so viel bekannt, lediglich durch freiwillige Gaben zusammengebracht. Eine Veröffentlichung der Abrechnung aber ist bislang noch nicht erschienen.

Die St. Nicolaikirche.

Wesentlich schwieriger wie bei der St. Petrikirche, welche auf ihrem alten Grunde wieder erbaut werden konnte, gestaltete sich die Entscheidung über den Wiederaufbau der St. Nicolaikirche. Die technische Kommission hatte bei ihrer

Untersuchung am 18. Juni 1842 das Gemäuer der alten Kirche teilweise und ungleich zusammengesunken gefunden, weshalb sie auf mangelhafte Fundamentierung schließen zu müssen glaubte. Die Gewölbe waren, wo nicht gänzlich eingestürzt, in ihren erhaltenen Teilen bedenklich gerissen und die Pfeiler nach allen Richtungen aus dem Lot gewichen. Der Turm speziell hatte sich von der Kirche abgetrennt und war beträchtlich versackt. Bei dem Projekt zu dem neuen Stadtplan wurde deshalb auf den Wiederaufbau der Kirche an ihrer alten Stelle keine Rücksicht genommen, sondern vielmehr zu Gewinnung von besseren Bauplätzen am Burstah der Kirche ein anderer weiter nach Südosten gelegener Platz zugewiesen.

Der Abbruch der gefahrdrohenden Trümmer verzögerte sich indessen, da das Kirchenkollegium sich weigerte, die hierfür erforderlichen ca. 8400 M. aufzuwenden. Die Rat- und Bürgerdeputation mußte daher auch hier endlich eintreten und ließ im Herbst 1842 die Niederlegung der alten Kirchmauern bewerkstelligen.[1]) Hiermit war aber die Streitfrage durchaus nicht gelöst, denn nun wünschte das Publikum, daß wenigstens der altgeliebte Turm erhalten bleiben möge. Trotzdem ein Blick auf den Plan erweist, daß hiermit der Häuserblock zwischen Hahntrapp und kleinem Burstah fast ganz entwertet worden wäre, so ist doch die Frage lange Zeit sehr ernstlich diskutiert worden. Man berief sich auf italienische Beispiele, wo häufig der Turm außer Zusammenhang mit der Kirche erbaut sei, betonte, wie der alte Turm eine Erweiterung der Markthalle bilden und oberhalb in ihm ein Wachtlokal und Räume zum Aufhängen der Feuerwehrschläuche geschaffen werden könnten. Schon wurden im Innern Balkenlagen wieder eingezogen und Gerüste gebaut, wonach die technische Kommission sich nochmals gutachtlich über die Standfähigkeit des Turmes äußern sollte. Unter den Architekten betonte speziell de Chateauneuf, daß die erforderlichen Mittel zu seiner Erhaltung sich auf etwa 180 000 M. beziffern würden. Direktor Wimmel, der 25 Jahre lang die bauliche Aufsicht über den Turm geführt hatte, war der Ansicht, daß derselbe sich, selbst wenn an seinen Ecken 8 schwere Strebepfeiler von Grund auf herausgeführt würden, doch nur noch wenige Jahrzehnte werde erhalten lassen. Hübbe scheute nicht die Arbeit einer bis ins Einzelne geführten Untersuchung und verfaßte einen sehr umfänglichen Bericht, aus dessen Beweisführung erwähnt sei, daß er den elastischen Untergrund für nicht bedenklich erachten konnte, da der Turmkörper in den seit seiner Erbauung verflossenen 459 Jahren sich nur durchaus gleichmäßig gesetzt

[1]) Auf Wunsch der technischen Kommission ist vorher eine genaue Aufnahme der Kirche von den Architekten Burmester und Marchand vorgenommen worden, doch hat über den Verbleib dieser Pläne und des zugehörigen Berichtes gegenwärtig nichts festgestellt werden können.

habe. Das Maß des Setzens berechnete Hübbe nach vorhandenen alten Mauerrissen in den Quadern zwischen Turm und Kirche auf 15 zm für je hundert Jahre. So könne der Turm also auch ferner unbeschadet weiter sinken. Hiermit war dem Wunsch des Kirchenkollegiums bestens Rechnung getragen und es wurde sogar Professor Semper wegen eines Projekts zum Wiederherstellungsbau des Turmes in Anspruch genommen. In der Rat- und Bürger-Deputation aber siegte auch in diesem Fall wieder die einfache, praktische und von vornherein ins Auge gefaßte Ansicht der Notwendigkeit einer gänzlichen Beseitigung sowohl des Turmes, wie der noch bestehenden Kirchenfundamente, und im Frühjahr 1843 wurden die Verhandlungen über die Expropriation des alten Kirchengrundstückes entgegen Hübbe's Gutachten eingeleitet und auch bald zu Schluß gebracht, so daß noch im Laufe des Sommers der recht beschwerliche Abbruch des Turmes bewerkstelligt werden konnte. Die der Deputation hieraus erwachsenen Kosten bezifferten sich auf 19 000 M., und die Beseitigung der Kirchenfundamente erforderte später noch weitere 16 500 M., ehe mit dem Verkauf der Bauplätze zwischen dem Hahntrapp und kleinen Burstah vorgegangen werden konnte. Das zu enteignende Areal der alten Kirche belief sich auf ca. 3260 qm. Die Rat- und Bürger-Deputation wies dagegen den neuen Platz aus und bewilligte der Kirche für die Größendifferenz und alle ihre sonstigen Ansprüche im ganzen 75 000 M.

Der in dem neuen Bauplan vom 1. September 1842 für den Neubau der Kirche vorgesehene Bauplatz war durch die Einschiebung eines zweiten Häuserblocks an der Neuenburg sehr eingeengt.[1]) Ihre jetzige bessere Lage wurde der Kirche erst zugewiesen infolge der vom Professor Semper an die technische Kommission gesandten Verbesserungsvorschläge, welche endlich zu dem Resultat führten, die Häuserfront des Hopfenmarktes bis zur Flucht der Görttwiete vorzurücken und auf die Bebauung zwischen der Kirche und der Wasserseite der Neuenburg zu verzichten.

Mittlerweile waren aber wegen des Neubaues bereits lebhafte Verhandlungen gepflogen, bei denen es sich vor allem um die Aufbringung der Kosten handelte. Allgemein bestand der Wunsch, in der neuen St. Nicolai-Kirche einen großartigen Denkmalbau zur Erinnerung an die Wiedererstehung der Stadt nach dem großen Brande, zu errichten, und im Publikum gab sich der lebhafteste Wiederhall kund, als im Herbst 1842 der Maler Hans Heinrich Porth mit dem Gedanken hervortrat, für den Bau dieser Kirche eine über die ganze Stadt ausgedehnte wöchentliche Schillingsammlung zu organisieren. Bald waren die Vorbereitungen hierfür getroffen und die Sache leitete sich um so leichter ein, als

---

[1]) Siehe die kreuzpunktierte Linie in dem Plan vom Neubau des zerstörten Stadtteiles.

die Mitglieder des Krameramtes sich bereit erklärten, das Einsammeln unentgeltlich besorgen zu lassen. Am 9. Januar 1843 hat diese Sammlung zum ersten Male stattgefunden und der Erfolg zeigte, was auf diese Weise die vereinten Kräfte Vieler vermögen.

Nach Verlauf reichlich eines Jahres war bereits soviel Kapital angesammelt, daß man bei gleichmäßigem Fortgang der Beiträge hoffen durfte, innerhalb 15 bis 20 Jahren ein Gebäude von ca. 1,5 Mill. M. Baukosten ausführen zu können. Auf Grund dieser Bausumme wurde infolge dessen am 28. Mai ein allgemeiner Wettbewerb um die Einlieferung des vorzüglichsten Bauplanes eröffnet. Zu dem 5 Monate später festgesetzten Termin sind von 39 Architekten 44 Projekte eingeliefert worden, welche vom 19. Dezember 1844 bis zum 18. Januar 1845 in dem Bottomley'schen Hause am Hopfenmarkt Nr. 2 öffentlich ausgestellt gewesen sind. Als Jury für diesen Wettbewerb traten am 27. Januar auf Wunsch der Kirchenbau-Kommission die Architekten Averdiek, Bülau, Forsmann, Maak, Meuron, Schlösser und Wimmel zusammen, deren einstimmiges Gutachten (nur Wimmel, der inzwischen verstorben war, konnte seine Unterschrift nicht mehr vollziehen) die 3 Preise den Projekten von Semper, Strack und Scott zuerkannte. Die Kirchenbau-Kommission aber, welche die allgemeine Begeisterung glaubte leichter wach erhalten zu können, wenn Scott's Plan ausgeführt würde, behielt sich die endgültige Entscheidung vor und berief zu einem weiteren Gutachten den Dombaumeister Zwirner aus Köln. Das Urteil verzögerte sich hierdurch noch bis zum 19. Mai 1845, wo dann endlich der erste Preis von 2400 M. dem Architekten George Gilbert Scott aus London und die beiden zweiten Preise von je 950 M. dem Hofbaurat Strack in Berlin und Baurat Lange in München zuerkannt sind, wogegen Professor Semper leer ausgehen mußte. Es liegt uns fern, die Streitschriften und Abhandlungen wieder wachzurufen, welche im Gefolge dieses Beschlusses entstanden.[1]) Rechtfertigt doch gewissermaßen der Erfolg das Vorgehen der Baukommission völlig, indem die Begeisterung der Beteiligten sich mehr und mehr auf die Gesamtheit der hamburgischen Bevölkerung übertragen hat und ihr während der ganzen 36 jährigen Dauer der Ausführung vollauf zugewendet geblieben ist.

Die feierliche Grundsteinlegung wurde am 24. September 1846 begangen. Die Neueburg war bereits wieder rings herum mit hohen Häusern eingefaßt,

[1]) Man vergleiche bezgl. dieses Wettbewerbes: Besprechung der Pläne von Architekt Burmester im Hamb. Correspondenten 1844/45, Aufsatz von Bmstr. Egle, Försters Allg. Bztg. 1848, mit Wiedergabe der Pläne von Lange, Scott, Semper und Strack. — Ferner Aufsatz von Architekt Karl Schaumann, Försters Allg. Bztg., Notizblatt v. 1848. — Endlich die großartige Veröffentlichung von Semper's Projekt in Romberg, Ztschrft. f. Bw. 1846.

sodaß sich auf deren Dächern tausende von Menschen zur Teilnahme an dem Fest drängten.[1]) Dreizehn Jahre später konnte das Richtfest der Kirche gefeiert werden und am 24. September 1863 war die Gemeinde so glücklich, ihr neuerbautes Gotteshaus einweihen zu können.

St. Nikolaikirche.

Bei dem Reichtum und dem Umfang dessen, was in dem Bau der St. Nikolaikirche geschaffen ist, können wir an dieser Stelle keinen auch nur summarischen Bericht anstreben.[2]) Hier mögen die Steine selbst reden, deren Sprache in dem großartigen Aufbau dieses Gotteshauses gewiß jedermann und gerade dem schlichtesten Verstande am verständlichsten sein wird. — In den Jahren 1857 bis 64 hat der Turmbau geruht, 1874 wurde derselbe vollendet und 1883 konnte dem Werk zur Freude der ganzen Stadt mit der Vollendung der Taufkapelle der Schlußstein eingefügt werden. Die Gesamtkosten ohne die im vorigen Jahre erbaute kostbare Orgel haben sich auf 4,6 Mill. M. belaufen, und es sei, entsprechend der Abrechnung des St. Petri-Kirchenbaues, auch hier mitgeteilt, auf welche Art es gelungen ist, diese große Bausumme aufzubringen:

1. Entschädigung der Rat- und Bürger-Deputation für die Enteignung des ehem. Kirchengrundstückes 2c.	M.	75 000 —
2. Anteil an den von auswärts eingegangenen Kirchenbaubeiträgen	"	73 500 —
Übertrag:	M.	148 500 —

[1]) In dem für den Neubau der Kirche ausgegrabenen ehem. Hafenmoor der Neuenburg fanden sich bis 2 zm große Krystalle von phosphorsaurer Ammoniak-Magnesia, einer neuen Mineralspecies, welche nach dem russ. Ministerresidenten von Struve, dem Vorsitzenden der Naturwissenschaftlichen Gesellschaft „Struvit" genannt wurde. In der Baugrube entwickelte sich ein schwunghafter Handel mit den glänzenden Krystallen, in der Presse aber eine lebhafte Polemik über die Natur und Entstehung derselben.

[2]) Vergleiche F. Stöter. Geschichte und Beschreibung des St. Nikolai-Kirchenbaues, Hamburg 1883.

	Übertrag:	M. 148 500 —
3. Anteil an der Liquidationssumme bei Auflösung der Unterstützungsbehörde	„	71 100 —
4. Ertrag aus dem verkauften Glockenmetall	„	21 900 —
5. Aus dem Vermögen der Kirche entnommene Baugelder	„	327 400 —
6. Beiträge des Staates	„	1 185 400 —
7. Freiwillige Gaben, Legate, sonstige Schenkungen und Zinsgewinn	„	2 845 700 —
		M. 4 600 000 —

Die St. Gertruden-Kapelle.

Die dritte zerstörte Kirche war die reizvolle kleine St. Gertruden-Kapelle, ein achtseitiger Kuppelbau und eine Perle der gotischen Baukunst. Sie war 1391 bis 98 erbaut. Der Grundriß zeigte den achtseitigen Hauptraum mit 5 Nischenausbauten und 2 im Jahre 1580 errichteten größeren Anbauten, welch letztere speziell der Zerstörung anheimgefallen waren. Schon weil die Wiederherstellung dieser Kapelle im Verhältnis zum Neubau der beiden großen Hauptkirchen schnell zu bewerkstelligen, auch Vermögen genug dafür vorhanden war, beabsichtigte man, durch ihre baldige Wiedereröffnung eilends Ersatz zu schaffen für die untergegangenen Stätten der Predigt. In dem Straßenplan ist infolge dessen von vorn herein die Lage der Kapelle berücksichtigt und ein freier Raum um sie her geschaffen.

Im Auftrage der Vorsteher der St. Gertrudstiftung haben die Architekten de Chateauneuf und Professor Fersenfeldt die für den Wiederherstellungsbau erforderlichen Baupläne ausgearbeitet. Die Kosten berechneten sich auf 104300 M. ohne die innere Einrichtung[1]); auch die Ausführung hat noch im Herbst 1842 thatsächlich begonnen. Die Vorsteher mußten es indessen für dringlicher erachten, zunächst Ersatz für die eingeäscherten Wohnhäuser der Stiftsbefohlenen zu schaffen. So wurden die Arbeiten an der Kapelle nur wenig gefördert, und als im Frühjahr 1843 die Baupreise wesentlich gestiegen waren, mußte der Kapellenbau bis auf weiteres ruhen bleiben. Drei Jahre lang hat die Ruine dann unbedacht und ungeschützt dagestanden, aber trotz der lebhaftesten Wünsche des Publikums für ihre Entfaltung — es wurde u. a. diskutiert, sie der reformierten Gemeinde, ja sogar der israelitischen zum Ausbau als Synagoge zu überlassen — fand sich niemand zu ihrer Wiederherstellung bereit. Das Mauerwerk aber geriet inzwischen bald mehr und mehr in Verfall und als 1847 einzelne Steine

[1]) Siehe C. Kall, Chronik der Kapelle St. Gertrud, Hamburg 1888.

abzubröckeln und herunterzufallen begannen, da konnten die zum Gutachten herbeigerufenen Architekten Luis und Ehbets nur noch die völlige Abtragung der Ruinen empfehlen. Diese wurde auch von den Vorstehern und der Behörde gutgeheißen und bald darauf mit einem Kostenaufwand von 13 200 M. ins Werk gesetzt. Der Kirchhof ist sodann mit einem Gitter eingefriedigt und in einen Kinderspielplatz verwandelt. Seit 1884 bildet das Kugeldenkmal, welches vom Sandthorquai nach hier versetzt wurde, einen ansprechenden Schmuck für den Garten.

Das Vermögen der St. Gertrudstiftung aber ist erhalten geblieben und als später die Zunahme der Stadt den Bau von Vorortkirchen erheischte, da konnte mit demselben, 40 Jahre nach dem großen Brande, in Barmbek der Grundstein zu der neuen St. Gertrudkirche gelegt werden.

Die deutsch-reformierte Kirche.

Als ein weiterer nach dem Brande entstandener Kirchenbau ist derjenige für die reformierte Gemeinde zu nennen. Dieselbe hatte seit 1710 einen Predigtraum in dem ehemaligen Hause des holländischen Gesandten, an Stelle der jetzigen St. Anscharkapelle am Valentinskamp besessen, stand aber zur Zeit des Brandes vor der Notwendigkeit eines Erweiterungs- und Wiederherstellungsbaues oder eines Neubaues. In der Hoffnung, daß sich für ihre Kirche ein geeigneter Platz ergeben würde, wandte sich die Gemeinde zu Anfang des Jahres 1843 an die Rat- und Bürgerdeputation mit der Bitte, ihr unter thunlichster Rücksicht auf ihre nur spärlichen Mittel ein Grundstück zum Bau der Kirche und zweier Pfarrhäuser auszuweisen. Lange Zeit konnte die technische Kommission, an welche diese Frage verwiesen war, keinen recht geeigneten Platz in Vorschlag bringen. Zur Erwägung kam z. B. das Grundstück zwischen dem Marien-Magdalenenkloster und dem Georgsplatz und ein Grundstück am Dornbusch. Erst im folgenden Jahre wurden Verhandlungen über das Terrain zwischen den Raboisen und der Ferdinandstraße Nr. 19 bis 23 gepflogen und am 28. November 1844 bewilligte die Bürgerschaft, daß dieser Platz der reformierten Gemeinde für 90 000 M. überlassen werde.[1])

Für den Bau der Kirche eröffnete die Gemeinde eine Konkurrenz und es wurden von etwa 12 Architekten Pläne bearbeitet, die im Herbst d. J. 1845 im Saale der Börsenarkaden ausgestellt gewesen sind. Unter den besten Arbeiten hebt die Presse den Entwurf von Architekt Blitz als im Äußern sehr einfach, die

[1]) Der Platz hat eine Größe von 2395 qm. Die Gemeinde vergütete mithin 37,58 M. pro qm. Nach seinem eigentlichen Wert wurde der Platz damals geschätzt auf 150 000 M. oder 62,63 M. pro qm.

beiden Entwürfe von Luis und Schaumann als die Mitte haltend und denjenigen von Averdiek wegen seines „würdigen Innenraumes bei prunkender Façade" besonders hervor. Gewählt ist der letztere. In wie weit etwa Abweichungen stattgefunden haben, läßt sich nicht sagen. Jedenfalls hat sich die Bauausführung infolge der mißlichen Zeitverhältnisse verzögert, sodaß erst am 27. Mai 1854 der Grundstein zur neuen Kirche gelegt[1]) wurde, deren Einweihung dann am 25. Januar 1857 stattgefunden hat. Ein Vorhof, von den beiden stattlichen Predigerhäusern begrenzt, entrückt die Kirche der unmittelbaren Nähe des Straßenlärmes. Der Innenraum ist von freundlicher Wirkung. Als bemerkenswert sei ausgesprochen, daß die beiden Turmhelme nicht nur bezüglich ihres Konstruktionsgerüstes, sondern auch bezüglich ihrer Bedeckung völlig aus Gußeisen hergestellt sind. Die Kirche enthält 800 Sitzplätze und einen Fassungsraum für ca. 1500 Personen. Die Baukosten haben sich, ohne Einschluß der Predigerhäuser, auf 96 000 M. belaufen.

Die neuen Synagogen.

Endlich ist der beiden israelitischen Tempel zu gedenken, welche dem Feuer zum Opfer gefallen sind. Für die Wiederherstellung desjenigen der portugiesisch-jüdischen Gemeinde, deren ehemaliger Tempel an der Schlickutbrücke lag, ist ebenso wie für den Bau der reformierten Kirche eine ruhigere Zeit abgewartet, sodaß derselbe erst 1855 auf dem Grundstück zweite Marktstraße Nr. 6 neu errichtet ist. Die Gemeinde hat für ihren Gottesdienst inzwischen den ehemaligen sogenannten neuen Tempel benutzt, an dessen Stelle Klees Wülbern für die deutsch-jüdische Gemeinde 1844 den jetzigen neuen Tempel in der Poolstraße Nr. 12 bis 13 erbaut hat. — Bei der Liquidation über die Restgelder der öffentlichen Unterstützungsbehörde haben auch diese beiden jüdischen Gemeinden für den Wiederaufbau ihrer Gotteshäuser einen Anteil erhalten.

[1]) Siehe einige Angaben in Hamburger Nachrichten vom 7. Dezember 1855.

10. Das neue Rathaus.

Das maßgebendste und wichtigste Moment bei der Entwickelung des ganzen Stadtplanes hat, wie die Verhandlungen der technischen Kommission und der Rat- und Bürgerdeputation darlegen, von vornherein in der Schaffung eines geeigneten Platzes für den Bau des neuen Rathauses bestanden, und die Ausführung desselben war in ganz unmittelbare Aussicht genommen.

Die Fläche, welche das alte Rathaus zusammen mit dem Eimbeckschen Hause bedeckte, war ca. 2700 qm groß. In dem Neubau wünschte man nicht nur Rat- und Bürgerschaft nebst allen Behörden, sondern auch das ganze Gerichtswesen zu vereinigen, und bemaß deshalb die für dasselbe in Aussicht genommene wirkliche Baufläche auf 5000 qm.[1]) Sowie nur einige Ruhe wieder gewonnen war, haben die städtischen Baubeamten die ersten Planskizzen bearbeitet und in der 1845 von der Bürgerschaft genehmigten Staatsanleihe von 13,5 Mill. M. waren die Gelder für den Rathausbau bereits einbegriffen. Unvermutet schnell aber wurden die Geldverhältnisse drückend, von den Anteilscheinen dieser Anleihe fand kaum die Hälfte Abnehmer und die Bauabsichten mußten aufgeschoben werden. Wie man hoffte, sollte dies zwar nur auf kurze Zeit sein, sodaß die Behörde, als sich 1846, bei zunehmender Arbeitslosigkeit und Teuerung, eine große Anzahl von Menschen vor dem Stadthaus zusammengerottet hatte und gebieterisch nach Arbeit verlangte, es als das naheliegendste ansah, vorweg schon den Grund zum Rathausbau ausgraben zu lassen. Mit der Erde wurde ein Teil des Altenwalls des Reesendamms, der Schleusenbrücke und Poststraße zweckmäßig aufgehöht, eine Arbeit, die anderweitig wohl um 4000 M. billiger sich hätte beschaffen lassen, deren Mehrkosten man nun aber dem Rathausbau glaubte zu gute schreiben zu können. Die Gesichtspunkte für die Entwickelung des Rathausbauprojektes waren aber noch nicht genügend geklärt und für die Beschaffung der Baugelder damals auch ferner keine unmittelbare Aussicht, sodaß die Baudeputation sich 1847 entschloß, den Rat-

[1]) Siehe die kreuzpunktierte Linie in dem Plan vom Neubau des zerstörten Stadtteiles.

hausplatz mit einem eisernen Geländer einzufriedigen und die sogenannte „Kuhle" mit einer Gartenanlage zu schmücken.

Alle Gerichts- und Verwaltungsbehörden waren inzwischen in provisorisch gemieteten Lokalitäten verteilt.[1]) Der Senat hatte, nachdem kurze Zeit seine Versammlungen in Bürgermeister Bartels Hause, Neustädter Fuhlentwiete Nr. 85, stattgefunden hatten, für seine eigenen und die für die Bürgerkonvente erforderlichen Räume das Waisenhaus in der Admiralitätstraße mit Beschlag belegt. Die Waisenkinder, damals 600 an der Zahl, wurden in einer Wirtschaft in Harvestehude provisorisch untergebracht. Der so geschaffene Zustand war aber ein höchst mangelhafter, und als das Bauunternehmen des Rathauses von Jahr zu Jahr verschoben wurde, da drängte das Waisenhauskollegium darauf hin, daß der Staat das alte Haus käuflich erwerbe und ihm hierdurch die Mittel für den Neubau eines anderen zweckentsprechenden Waisenhauses an die Hand gebe. Dies lag freilich ursprünglich keineswegs in der Absicht, vielmehr, erst als die Erwägung Platz griff, daß nach Vollendung des neuen Rathauses das ehemalige Waisenhaus sich sehr gut zur Infanteriekaserne[2]) werde einrichten lassen, kam 1850 ein Vergleich zu stande, durch den der staatsseitige Ankauf des alten Waisenhauses für die Summe von 502 500 M. realisiert wurde.

Inzwischen wurden die Vorbereitungen für den Rathausbau fortgeführt und 1854 war alles endlich soweit gediehen, daß ein allgemeiner Wettbewerb um den Entwurf der besten Pläne eröffnet werden konnte. Die Bausumme für die einzuliefernden Projekte war auf 3,85 Mill. M. festgesetzt. Bis zum 15. Oktober liefen 43 Projekte ein, die bis zum 15. November in der Aula des Johanneums ausgestellt gewesen sind. An dieser Ausstellung hat die ganze Stadt das lebhafteste Interesse genommen, und um so mehr wurde über die Vorzüge und Nachteile der einzelnen Arbeiten gesprochen, als man andererseits bedauern mußte, daß keine Arbeit vorliege, die einstimmig den Ruf herausfordere: „So und nicht anders muß unser Rathaus werden." Auch Fremde sind zu dieser Ausstellung in großer Zahl nach Hamburg gekommen und speziell war es eine Reihe von Teilnehmern an dem hannöverschen Verbandstage der deutschen Architekten- und Ingenieurvereine, welche aus diesem Anlaß Gelegen-

---

[1]) Siehe in Herbert: Geschichte des Hamb. Brandes, Altona 1842 die Angaben über alle 20 verschiedenen Geschäftsstellen.

[2]) Auch der Neubau der Kasernen sollte nach dem Brande in Angriff genommen werden, verzögerte sich aber, sodaß die Baudeputation erst 1847 mit zwei Bauprojekten für ein Grundstück an der Grindelallee hervortrat. Hiernach wurden für den Neubau der Infanteriekaserne 257 000 M. und für den Neubau der Kavalleriekaserne 748 000 M. gefordert. Beide Posten lehnte aber die Bürgerschaft bis auf weiteres ab.

heit nahmen, unsere Stadt zu besuchen. Das entscheidende Preisgericht bestand aus drei Mitgliedern des Senats und zwei Bürgern, und das Urteil ist vom 15. Februar 1855 datiert. Der erste Preis von 4950 M. fiel dem Projekt von George Gilbert Scott in London, dem Baumeister unserer St. Nicolaikirche zu. Die beiden zweiten Preise von je 4150 M. erhielten die Arbeiten von Aug. Meuron[1]) hierselbst und Ludwig Bohnstedt in Gotha. Die Mehrzahl der Projekte hat der Berliner und Münchener Schule angehört und einen hohen Turm hatten fast alle aufzuweisen. Unter den sonstigen Teilnehmern an der Konkurrenz werden hauptsächlich genannt: Stier und Knoblauch in Berlin, Haase in Hannover, Demmler in Schwerin, Lange in München und Stadler in Zürich.

Trotz der Anstrengungen Scotts, der durch die zahlreich verbreiteten Abdrücke seiner großartigen perspektivischen Ansicht des Rathauses weite Kreise für sein Projekt gewann, traten die maßgebenden Behörden dem Bau aber doch nicht ernstlich näher. Vielmehr wurde 1856 dem ehemaligen Waisenhaus der Anbau für die Ratsstube hinzugefügt, und noch fester richteten sich die Behörden in dem alten Hause ein, nachdem im Herbst 1858 das neue Waisenhaus endlich fertig, und hiernach auch der große Raum der ehemaligen Waisenhauskirche zu ihrer Verfügung frei geworden war. Dieser Saal würde sich für die Bürgerschaftssitzungen wohl geeignet haben; da aber in der neuen Verfassung ein örtlicher Zusammenhang zwischen den Räumen von Senat und Bürgerschaft nicht mehr geboten war, so wurde es vorgezogen, für die bürgerschaftlichen Geschäftsräume den Festsaal nebst einer Reihe von Zimmern im Hauptgeschoß des patriotischen Hauses einzurichten, um hierdurch im Rathaus für andere Behörden Platz zu gewinnen. Diesen erneuten Anforderungen entsprechend ist das Rathaus im Jahre 1863 im Innern nochmals gänzlich umgebaut, und es war zugleich unvermeidlich, den Gedanken an den Neubau einstweilen ganz zurücktreten zu lassen, da während des ersten Jahrzehnts der neuen Verfassung die Frage der zukünftigen Raumbedürfnisse ihrer nur auf Erfahrung zu begründenden Lösung entgegengeführt werden mußte. — Als dann 1871 unsere siegreichen Krieger ihren feierlichen Einzug in die Stadt halten sollten, wurden die Anpflanzungen des Rathausgrundes zwecks Herrichtung des von Architekt Haller projektierten großen Festplatzes von Grund aus beseitigt, und erst nach diesem Feste trat von neuem die Frage in den Vordergrund, was nun aus dem

[1]) Sehr viel Vergnügen machte es dem hiesigen Publikum, daß auf Meurons Perspektive bei dem zur Schau gebrachten gewaltigen Militäraufzug sogar jemand arretiert wurde. — Siehe übrigens die Berichte im Hamb. Correspondent den 27. Oktober 1854 und ff., sowie auch Försters Allg. Bztg. 1854, Notizblatt Seite 140.

Platz werden solle? So manche Pläne aber auch erwogen wurden, eine Entscheidung ließ sich nicht sobald herbeiführen, und um dem allgemeinen Ärgernis nur ein Ende zu machen, stattete die Baudeputation den Platz von neuem mit einer öffentlichen Gartenanlage aus.

Wieder verfloß ein halbes Jahrzehnt. Viele Vorschläge für andere Bauplätze wurden gemacht, aber keiner hat sich je den allseitigen Beifall erringen können. Nochmals glaubte deshalb der Senat, den Versuch machen zu sollen, ob sich nicht durch einen allgemeinen Wettbewerb die gewünschte endgültige Entscheidung über den Neubau des Rathauses herbeiführen lassen werde. Auf Grund einer Bausumme von 6 Mill. M. wurde daher zum 30. September 1876 wieder die Gesamtheit der Architekten in die Schranken gefordert. Der Ruf fand lebhaften Widerhall, denn 126 Entwürfe sind rechtzeitig eingeliefert worden. Das Preisgericht bestand aus den Senatsmitgliedern Bürgermeister Dr. Petersen und Syndikus Dr. Merck, den Bürgerschaftsmitgliedern Israel und Martin und den Technikern Oberbaurat von Egle, Oberbaurat Ritter von Ferstel, Baurat Hase, Professor W. Lübcke und dem Geheimen Oberhofbaurat Strack. Den ersten Preis, im Betrage von 10,000 M. trug das Projekt von Mylius & Bluntschli in Frankfurt a/M. davon, die übrigen sieben Preise von je der Hälfte der genannten Summe fielen zu: Avanzo in Wien und C. Wagener daselbst, Giese & Weidener in Dresden, Grotjan & Robertson und Haller & Lamprecht hierselbst und Kayser & von Großheim und Otzen in Berlin. Die Ausstellung der Projekte fand vom 22. Oktober bis zum 12. November in der Kunsthalle statt und weckte diesmal um so mehr das weitgehendste Interesse des gesamten Publikums, als die außerhalb des Wettbewerbes gebrachten Pläne von Haller & Lamprecht und von Hanssen & Meerwein ganz neue Gedanken über die Möglichkeit der Anordnung des Rathauses zum Ausdruck brachten. War nämlich auch bei den geschicktesten Lösungen die Thatsache unleugbar, daß durch Erfüllung aller Programmforderungen ein, angesichts des wachsenden Verkehrs, bedenklich großer Teil des freien Platzes bebaut werden würde, so war in jenen außer dem Wettbewerb stehenden Projekten gezeigt, wie eine vollkommene Lösung erreicht werden könne, sobald man sich entschließe, diejenigen Räume, deren notwendige Abmessungen ein- für allemal feststehen, als das eigentliche Rathaus von den Räumen für die übrigen Behörden zu trennen, deren Vergrößerung mit dem Wachstum der Stadt jeden Augenblick möglich sein muß.

So vielfach nun auch noch in der Folge die Meinungen über den besten

[1]) Siehe die Hamburger Rathauskonkurrenz, Strumper 1877 und die Wiedergaben und Abhandlungen von K. E. O. Fritsch in der Dtsch. Bztg. 1876.

Platz für das Rathaus auseinandergingen, und so ernstlich sich auch neben den maßgebenden Behörden der Architekten- und Ingenieurverein und andere Kreise mit dieser Frage beschäftigten, so war unter allen Plätzen, die an oder in der

Das neue Rathaus.

Alster, bei der Kunsthalle, vor dem Dammthor, im Häuserblock zwischen der Steinstraße und Spitalerstraße 2c. gemacht wurden, doch kein einziger, der für durchaus passend und würdig für das Hamburger Rathaus hätte erachtet werden können. Im Verfolg dieses Gesichtspunktes, und weil am 5. April 1878 auch die zur Beratung dieser Frage eingesetzte Rat- und Bürgerkommission aussprach, daß sie keine Veranlassung gefunden habe, den 1873 gefaßten Beschluß betreffend den Bauplatz des Rathauses wieder aufzuheben, nahm der Architekten- und Ingenieurverein Veranlassung, einem hohen Senat am 20. Mai 1878 eine einstimmig beschlossene Resolution zu überreichen. In dieser wurde empfohlen, nur die Sitzungssäle der beiden regierenden Körperschaften, nebst deren Geschäftszimmern, die für unsere Stadt erforderlichen Repräsentationsräume, das Staatsarchiv und die Geschäftsräume der Finanzdeputation in das Projekt für das zu erbauende Rathaus aufzunehmen, den übrigen Behörden aber in anderweiten Gebäuden Raum zu schaffen.

In allen beteiligten Kreisen hat dieser Gedanke in der Folge mehr und mehr Wurzel gefaßt und gewann endlich feste Form, als im Dezember 1880 die Architekten Grotjan, Haller, Hansen, Hauers, Lamprecht, Meerwein, Robertson, Stammann und Zinnow mit einer gemeinschaftlichen Arbeit hervortraten, in welcher unter den ausgesprochenen Gesichtspunkten allen Anforderungen gleichmäßig zu genügen versucht war. Auch für eine kleine Anzahl von Verwaltungsbureaus hat sich noch Raum geboten, während dennoch die Baufläche gegenüber derjenigen für die Projekte nach dem Programm von 1876 um ein Dritteil verkleinert und der Rathausmarkt um das entsprechende Maß sehr wesentlich größer bleiben konnte. Noch verflossen aber wieder mehrere Jahre, bis durch die allmählich ins Einzelne geführten Projekte den Wünschen aller maßgebenden Körperschaften Rechnung getragen war. Die anfangs mitbeteiligten Architekten Lamprecht und Robertson sind während dieser Zeit aus dem Leben geschieden. Die Möglichkeit eines fruchtbringenden kollegialen Zusammenarbeitens haben aber die übrigen sieben Rathausbaumeister während dieser langen Vorverhandlungen zur Genüge erbracht, sodaß, als die Bürgerschaft am 3. Juni 1885 die Ausführung des Rathauses nach dem gemeinsamen Plane derselben beschlossen hatte, der Senat, nachdem er als Berater für diese wichtige Angelegenheit die Meinung von Oberbaurat von Egle aus Stuttgart und Professor Baurat Ende aus Berlin gehört hatte, die Verwirklichung des neuen Rathauses vertrauensvoll in deren Hände legen konnte.

Nach dieser vierzigjährigen Vorbereitung des Baues ist unverweilt zu Werke geschritten und am 6. Mai 1886 ist der Grundstein zum neuen Rathause gelegt. Noch einmal wurde dann der Grund ausgegraben, diesesmal aber so tief, daß man auf vielerlei interessante vorgeschichtliche Fundamentreste stieß, ja sogar vermutlich einen Teil der ehemaligen Alsterburg, welche Herzog Bernhard II. 1035 bis 43 baute, freigelegt hat.[1]) Darauf sind etwa 4000 Ramm-

[1]) Siehe hierüber C. H. Wichmann, die Grundmauern und Baureste in der Baugrube des Rathauses, Hamburg 1888.

pfähle von ca. 12 m Länge in den Boden geschlagen, auf + 4 m über Null gekappt und das Gebäude dann auf einer über die gesamte Fläche geschüttete Konkretplatte von 1 m Stärke erbaut. Den vereinigten Rathausbaumeistern stehen die Ingenieure Hennicke & Goos zur Seite, das Rechnungswesen hat abseiten der Baudeputation Bauinspektor Lämmerhirt zu verwalten und die spezielle Bauführung hat von Anfang an in Händen des Architekten Geißler gelegen. Die Baukosten waren 1889 ohne die Statuen an den Façaden und ohne die architektonische Ausstattung und künstlerische Ausschmückung der Räume des Hauptgeschosses auf 6,7 Mill. M. angenommen, werden sich aber, seitdem beschlossen ist, jenen bildnerischen Schmuck durchweg sogleich ganz zu vollenden, auf rot. 10 Mill. M. belaufen.

Die Bacchusstatue
vom ehem. Eimbeck'schen Hause.

Rüstig ist der Bau indessen emporgestiegen, schon krönt ihn rings herum das Hauptgesimse, und wie vor nunmehr 50 Jahren nur die Gesamtheit der Bauleute der ungeheuren Arbeit gewachsen war, die geleistet werden mußte, so hat sich bei unserm Rathausbau, am Ende des großen Wiederherstellungswerkes auch jetzt wieder bewiesen, was die zu gemeinsamer Arbeit angespannten Kräfte der Vorzüglichsten zu leisten vermögen. Denn, will's Gott, so wird sich die Stadt in den Tagen der 50jährigen Wiederkehr des großen Brandes festlich schmücken, um zugleich die Richtweihe des neuen Rathauses zu begehen, und nur noch die kurze Spanne von wenigen Jahren dürfte erforderlich sein, dann schauen von neuem die deutschen Kaiser von unserer Rathauswand herab und unsere Staatsregierung kann ihr neues Haus beziehen, und dem Bürger wird vor der Ratskellertreppe wieder die Bacchusstatue entgegenlächeln, die 1770 der schwedische Bildhauer Johann Wilhelm Manstadt in Gestalt des mit Epheu bekränzten jugendlichen Faun für das Eimbecksche Haus geschaffen hat und die von der Wut des Feuers verschont geblieben ist.

Allen denen aber, die noch mitarbeiten müssen, rufen wir nach gutem alten Zunftgebrauch zur glücklichen Vollendung dieses wichtigen Bauwerkes im Augenblick der Richtfeier von ganzer Seele ein herzhaftes „Glückauf!" zu.

Wir sind am Ende. Die Arbeit, die das Schicksal forderte, als es die Katastrophe des 5. bis 8. Mai über unsere Stadt hatte hereinbrechen lassen, ist gethan, und der seiner Vollendung entgegengehende Rathausbau soll ihr den Schlußstein einfügen. Blicken wir zurück, so muß es unsere größte Bewunderung erregen, daß die Stadt, trotz ihrer ungeheuren Verluste und trotz der fast unüberwindlichen Schwierigkeiten der momentanen Lage in jener Zeit dennoch solches Werk bewältigt hat. Das Verdienst, diese Arbeit vollbracht zu haben, fällt einzig zurück auf den unbeugsamen Willen der Männer, die wir die Unsern nennen dürfen, und deren Andenken in der Brust jeden Hamburgers ein unauslöschliches Denkmal errichtet sein sollte. In der Erinnerung an sie wandeln sich jene Tage schwerer Schicksalsschläge für uns zu einem glänzenden Lichtpunkt unserer vaterstädtischen Geschichte.

Ohne Begründung wird es jedem erklärlich sein, daß nach solcher Inanspruchnahme aller intellektuellen und finanziellen Kräfte eine Zeit der innern Sammlung folgen mußte. Für Hamburg ist diese Zeit um so wichtiger gewesen, als sich in ihr zugleich die Ideen zu einer weitgehenden Umgestaltung des Verfassungswesens vollziehen sollten. Erst auf der Grundlage, welche mit der Konstituierung der neuen Bürgerschaft am 6. Dezember 1859 geschaffen war, konnte die Stadt der Weiterentwickelung entgegengeführt werden, in welcher wir sie heute begriffen sehen.

Plötzlich, und gleich einem reißenden Strom, brach dann aber zu Anfang der sechziger Jahre die neue Zeit herein. Glaubte man 1858 schon, eine wichtige Errungenschaft erzielt zu haben, als die Ferdinandspforte zum Fahrthor erweitert und 1859, als mit dem Holstenthor der Stadt ein neuer langgewünschter Ausgang geschaffen war, so eröffnete sich jetzt mit der Aufhebung der Thorsperre in der Nacht des 31. Dezember 1860 die Schleuse, aus welcher hervorstürzend das enggebundene Leben sich schnell über die weiten Vororte ausbreitete. Die Lübeckerbahn und die Verbindungsbahn wurden gebaut, die Brücke spannte sich über den Elbstrom und die Verbindung mit Bremen und Köln wurde hergestellt, die großen Hafenanlagen[1]) wurden geschaffen, wo vorher fast trockener Boden war. Der Durchstich der Kalten Hofe ermöglichte weitgehende Austiefungen des Elbstroms, und der Anschluß der Stadt endlich an das deutsche Zollinland erforderte innerhalb des letztverflossenen Jahrzehnts nochmals die Umwälzung eines weitausgedehnten Stadtteils und die Dislocierung von abermals 24 000 Einwohnern.

Werfen wir einen Blick auf die Veränderungen, welche sich während dieser 3 Jahrzehnte in der Stadt vollzogen haben, so ergiebt die Nennung auch nur der allerhauptsächlichsten eine lange Reihe. In den sechziger Jahren wurde die neue Lombardsbrücke erbaut, der Hopfensack eröffnet, die Brandstwiete und Mattentwiete verbreitert und die leider wenig geglückte Werstraße angelegt. In den siebenziger Jahren ist der Borgesch bebaut, die Kolonnaden sind durchgeführt, der Wall zwischen dem Dammthor und Holstenthor fahrbar gemacht und das große Stammsiel gebaut, dessen Erdaushub wir die herrlichen Alsteruferanlagen unseres Oberingenieurs Franz Andreas Meyer verdanken. In den achtziger Jahren folgte die Straßeneinteilung der Reeperbahnen, der Durchbruch der Gerhofstraße, die Regulierung des Rödingsmarktes, der Bau der zweiten Elbbrücke, der Heiligengeistbrücke und Michaelisbrücke und die Anbahnung der Verbindung Graskeller Holstenthor durch den Bau der Stadthausbrücke, einer Verbindung, die gegenwärtig in der Durchlegung der Kaiser-Wilhelmstraße ihrer Vollendung entgegengeführt wird.

Nicht weniger ist in Bezug auf die Hochbauten geleistet. Wir haben 12 neue Kirchen mit zusammen ca. 1,75 Mill. M. gebaut und 75 Schulen mit 12 Mill. M. Baukosten errichtet, die Kunsthalle und Museen sind gebaut, die Irrenanstalt, das neue Krankenhaus und der Zentralfriedhof sind angelegt, die großartigen Vorkehrungen des Schlacht- und Viehhofes sind geschaffen und das Justizgebäude und die Gefängnisse hergestellt. Das Deutsche Reich hat uns die Seewarte, die Kaserne und das neue Postgebäude hinzugefügt und zur Sicherung des Eigentums endlich ist eine Berufsfeuerwehr begründet.

Mächtig also ist die Zeit schon dahingegangen über die nach dem großen Brande geschaffenen Neuerungen, und gewaltig ist der Aufschwung, den Handel und Verkehr genommen haben. Die Zahl der Einwohner hat sich verdreifacht,

[1]) Es kann an dieser Stelle erwähnt werden, daß unsere Hafenanlagen 1849 noch so wenig auf die Verladung schwerer Lasten eingerichtet waren, daß die Umladungskosten des Marmorblocks für das Denkmal des Königs Friedrich Wilhelm III. in Berlin auf 2 160 M. anliefen, trotzdem der Block nur 82 tons wog. Dagegen betrugen die Transportkosten von Livorno nach hier nur 1920 M. — Jetzt ist der große Hafenkrahn im stande, Lasten von 150 tons Gewicht zu heben.

und nur wenige von denjenigen, die damals mit Hand anzulegen vermochten, weilen heute noch unter uns. — Aus dem ersten Straßenbahnwagen, den wir am 16. August 1866 nach Wandsbeck fahren sahen, hat sich ein Beförderungsverkehr auf 136 km Geleislängen entwickelt, nach allen Richtungen sind Stadt und Vororte von Schienen durchzogen, und während zu Anfang täglich etwa 3000 Personen befördert wurden, ist diese Zahl jetzt auf mehr als das Vierzigfache gewachsen. Gewiß sind hiermit Anforderungen an die Stadtanlage gestellt, die das kühnste Maß dessen weit übertreffen, was 1842 irgend jemand hätte voraussehen können. Mag aber auch eine einzelne Straße breiter, ein Straßenzug gefügiger gewünscht werden, was bedeutet das gegenüber dem Gesamtwerk? Behalten wir aber im Auge, daß eine Änderung der Stadt niemals so unbeschränkt, von so weiten und rationellen Gesichtspunkten und für verhältnismäßig so geringe Summen hätten bewerkstelligt werden können, wie dies nach der Katastrophe des 5. bis 8. Mai möglich war, und berücksichtigen wir, daß es niemals möglich sein wird, alle Einzelheiten einer umfassenden Anlage für alle zukünftigen Fälle passend einzurichten, so müssen wir bewundernd vor der Lösung stehen, welche jene Männer für ihre Aufgaben gefunden haben, und können nur bescheiden wünschen, daß die Anlagen der Gegenwart so gesteigerten Ansprüchen gegenüber sich einst ebenso brauchbar erweisen mögen, wie heute das nach dem Brande wiedererstandene Hamburg.

Möge allen, die jetzt und fernerhin berufen sind, für das Wohl des hamburgischen Freistaates mitzuwirken, das leuchtende Beispiel der Männer jener Zeit vor Augen bleiben, die, obschon ihre Thätigkeit durch die Not des Augenblicks für ihre persönlichen Sorgen auf das Gewichtigste gefordert wurde, dennoch Zeit und Mittel fanden, solch weittragende Gerichts-, Verwaltungs-, Bau- und alle andern Angelegenheiten derart zu fördern, daß in fast unglaublich kurzer Zeit das mittelalterlich erbaute Hamburg als neuzeitige Großstadt wieder erstanden ist.

Möge jeder in dieser gewaltigen That für alle Zeit erblicken ein Denkmal deutscher Willenskraft, ein Denkmal einmütigen Zusammenwirkens und ein Denkmal echt deutscher Bürgertugend!

Verzeichnis der Abbildungen und Pläne.